COACHSULTING REVOLUTION II
전문 도구 활용 가이드

최광면 · 유용린 공저

CoachSulting Revolution

- CoachSulting 전문 도구 활용 가이드 -

초판 1쇄 인쇄 ㅣ 2025년 7월 1일

초판 1쇄 발행 ㅣ 2025년 7월 10일

저　자 ㅣ 최광면, 유용린

펴낸곳 ㅣ 지공재기

편집·디자인 ㅣ 부카

교정교열 ㅣ 서이화

출판등록 ㅣ 제25100-2022-000025호

본　　사 ㅣ 경기도 용인시 처인구 포곡읍 포곡로 123번길 7

　　　　　전화_031-334-2919

　　　　　이메일_golddiesel@naver.com

ⓒ ISBN 979-11-985699-8-1　　03320

- 이 책에 수록된 내용은 저작권법의 보호를 받는 저작물이므로 무단전재와 복제를 금합니다.
- 잘못 만들어진 책은 구입처에서 바꿔 드립니다.

CoachSulting Revolution

- CoachSulting 전문 도구 활용 가이드 -

프롤로그: 이론에서 실무로, 도구로 완성되는 변화

CoachSulting RevolutionⅠ을 통해 우리는 코칭과 컨설팅의 융합이라는 새로운 접근법의 개념과 원리를 탐구했다. 그 여정에서 많은 독자들이 CoachSulting의 가능성에 공감하며, 동시에 하나의 질문을 제기했다. "이론적 이해는 충분하다. 그렇다면 현장에서 어떤 도구를 활용해야 하는가?"
한 중소기업 CEO가 이런 고민을 털어놓았다. "CoachSulting의 개념은 이해했는데, 막상 우리 회사의 매출 정체 문제를 해결하려니 어디서부터 시작해야 할지 막막합니다. 시장 분석이 먼저인지, 내부 역량 진단이 먼저인지, 아니면 팀원들의 동기부여부터 시작해야 하는지…." 바로 이러한 현실적 고민에 답하기 위해 CoachSulting RevolutionⅡ가 탄생했다.
이 책은 CoachSulting의 철학을 현실로 구현하는 실무 도구집이다. 가장 적합한 도구를 상황에 맞게 선택하고 활용할 때, CoachSulting은 비로소 그 진정한 위력을 발휘한다. 마치 의사가 환자의 증상에 따라 청진기, 혈압계, X-ray 등 다양한 진단 도구를 선별적으로 사용하듯, CoachSultant도 조직의 상황과 니즈에 맞는 최적의 도구를 선택해야 한다.
오늘날 기업과 조직이 직면한 문제는 그 어느 때보다 복잡하고 다면적이다. 예를 들어, 한 제조업체는 생산성 저하라는 표면적 문제 뒤에 직원 몰입도 하락, 공급망 불안정, 신기술 도입 지연이라는 다층적 과제를 안고 있었다. 단일한 접근법이나 획일적인 도구만으로는 이러한 복합적 과제를 해결하기 어렵다. 조직의 규모, 업종, 문화, 성장 단계, 그리고 당면한 구체적 과제에 따라 최적의 도구 조합이 달라진다. 마치 숙련된 장인이 목공 작업에서는 톱과 대패를, 금속 작업에서는 용접기와 그라인더를 선택하듯, CoachSultant는 상황에 맞는 최적의 도구를 선별하고 조합해야 한다. 스타트업의 비즈니스 모델 설계에는 BMC(비즈니스 모델 캔버스)와 MVP 테스트가 효과적이지만, 성숙 기업의 조직 혁신에는 McKinsey 7S 모델과 Change Readiness 평가가 더 적합할 수 있다.
이 가이드북에는 진단과 평가를 위한 체계적 도구들부터 질문 기법과 프레임워크, 실행 계획과 모니터링 템플릿까지 40여 개의 검증된 전문 도구들이 담겨 있다. Ansoff 매트릭스에서 6시그마 DMAIC까지, 각 도구는 특정한 목적과 상황에 최적화되어 있으며, CoachSulting의 맥락에서 어떻게 활용될 수 있는지 구체적으로 제시되었다. 더 중요한 것은 각 도구의 '사용법'뿐만 아니라 '선택 기준'과 '조합 방법'을 체계적으로 정리했다는 점이다. 실제로 한 IT 서비스 회사에서는 SWOT 분석과 3C 분석을 동시에 활용해 시장 포지셔닝을 재정립했고, 이를 바탕으로 OKR과 KPI 대시보드를 연계해 전사적 목표 달성률을 30% 향상시켰다.

특히 이 도구들은 단순히 컨설팅 영역에서 차용한 것이 아니라, CoachSulting의 철학에 맞게 재해석되었다. 각 도구의 적용 과정에서 코칭적 질문과 성찰의 요소가 통합되어, 해답을 일방적으로 제시하는 것이 아닌 조직 구성원들이 스스로 발견하고 내재화할 수 있도록 설계되었다. 예를 들어, 기존의 5 Forces 분석이 단순히 경쟁 환경을 파악하는 데 그쳤다면, CoachSulting 버전의 5 Forces 분석은 "우리가 이 경쟁 환경에서 어떤 독특한 가치를 창출할 수 있을까?"라는 성찰적 질문을 통해 조직의 자발적 전략 수립을 유도한다. 이것이 바로 CoachSulting 도구가 기존 컨설팅 도구와 구별되는 핵심적 차이점이다.

목차

제1장 CoachSulting 도구 모음 9
- Ⅰ. 진단 및 평가 도구 10
- Ⅱ. 질문 기법과 프레임워크 13
- Ⅲ. 실행 계획과 모니터링 템플릿 18
- Ⅳ. CoachSulting 통합 도구 시스템 28
- Ⅴ. CoachSulting 도구 실전 적용 사례 34
- Ⅵ. CoachSulting 사례 분석 워크시트 37

제2장 컨설팅 전문 도구 상세 47
- Ansoff 매트릭스 48
- BCG 매트릭스 53
- BEP(손익분기점) 분석 57
- BMC(비즈니스 모델 캔버스) 62
- BSC(블루오션 전략 캔버스) 67
- BSC(균형성과표) 71
- CAPA(시정조치 및 예방조치) 시스템 75
- Change Readiness(변화 준비도) 평가 79
- Chasm 분석 83
- Competency 매트릭스 87
- CSF(핵심성공요인) 평가 90
- Decision 매트릭스 95
- Executive Time 분석 99
- Gap 분석 104
- Job Analysis 108
- KPI(핵심성과지표) 대시보드 111
- Marketing Mix(4P, 7P, 4C) 116
- McKinsey 7S 조직역량 진단 120
- MVP(최소기능제품) 테스트 125

- NGT(명목집단기법) ··· 130
- OKR(Objectives & Key Results) ······················ 134
- Pareto(80/20 법칙) 분석 ································· 138
- PDCA 개선 사이클 워크시트 ···························· 142
- PESTEL 분석 ··· 148
- Positioning 맵 ··· 153
- Priority 매트릭스 ·· 157
- Product Life Cycle 분석 ································· 161
- QC(품질관리) 7대 도구 ··································· 166
- QWM(빠른 성과 매트릭스) ······························ 172
- RACI 매트릭스 ··· 177
- Risk Assessment 매트릭스 ····························· 181
- Scenario Planning ··· 186
- SIPOC 다이어그램 ·· 190
- Stacey 매트릭스 ·· 194
- Stakeholder 분석 ··· 199
- STP 분석 ·· 204
- Succession Planning ····································· 209
- SWOT 분석 ··· 213
- TOC(제약이론) ··· 218
- Value Chain 분석 ·· 222
- Visioning ·· 226
- VRIO 분석 ·· 229
- 3C 분석 ··· 234
- 5 Forces 분석 ·· 239
- 5 Whys 분석 ·· 244
- 6 Boxes 모델 ··· 248
- 6시그마 DMAIC 분석 ····································· 253

제1장. CoachSulting 도구 모음

Ⅰ. 진단 및 평가 도구
Ⅱ. 질문 기법과 프레임워크
Ⅲ. 실행 계획과 모니터링 템플릿
Ⅳ. CoachSulting 통합 도구 시스템
Ⅴ. CoachSulting 도구 실전 적용 사례
Ⅵ. CoachSulting 사례 분석 워크시트

I. 진단 및 평가 도구

1. 통합적 상황 진단 프레임워크(Integrated Situation Assessment Framework)

목적: 조직이나 개인의 현재 상황을 종합적으로 파악하여 CoachSulting 접근 방향 설정

구성 요소
- **경영 환경 분석**: PESTEL 분석을 통한 외부 환경 요인 파악
- **조직역량 평가**: SWOT 분석과 핵심 역량 진단
- **문화 및 리더십 진단**: 조직 문화 유형 분석과 리더십 스타일 평가
- **이해관계자 맵핑**: 주요 이해관계자 식별 및 영향력/관심도 분석
- **변화 준비도 측정**: 변화에 대한 조직/개인의 준비 수준 평가

활용 방법:
- 인터뷰, 설문, 관찰, 데이터 분석 등 다양한 방법으로 정보 수집
- 각 요소별 현황 정리 및 시각화
- 주요 시사점과 도전 과제 도출
- CoachSulting 우선순위 영역 식별

2. 갭 분석 매트릭스(Gap Analysis Matrix)

목적: 현재 상태와 목표 상태 간의 차이를 체계적으로 분석

구성 요소
- **영역별 현재 상태 측정**: 수치화된 지표 또는 질적 평가
- **목표 상태 정의**: 명확한 목표 지표 설정
- **갭 크기 측정**: 현재와 목표 간 차이의 정량적/정성적 평가
- **갭 원인 분석**: 근본 원인과 영향 요인 분석
- **우선순위 설정**: 중요도와 시급성 기준 우선순위 매트릭스

활용 방법
- 주요 성과 영역별 현재 상태 측정
- 각 영역별 명확한 목표 수립
- 갭 분석표 작성 및 원인 파악

- 해결 우선순위 결정 및 실행 계획 수립

3. 360도 역량 피드백 도구(360-Degree Competency Feedback)

목적: 다양한 관점에서 개인/팀의 역량과 행동 평가

구성 요소
- **역량 프레임워크**: 직무/역할별 핵심 역량 정의
- **다면 평가**: 상사, 동료, 부하직원, 고객 등 다양한 관계자 피드백
- **자기 평가**: 동일 항목에 대한 본인의 자가 평가
- **인식 차이 분석**: 자기 인식과 타인 인식 간 차이 도출
- **강점/개발 영역 도출**: 데이터 기반 강점과 개발 필요 영역 식별

활용 방법
- 역할에 맞는 핵심 역량 정의 및 평가 항목 설계
- 온라인 도구나 구조화된 인터뷰를 통한 피드백 수집
- 결과 시각화 및 주요 패턴 분석
- 피드백 기반 개발 계획 수립 지원

4. 시스템 사고 맵핑(Systems Thinking Mapping)

목적: 복잡한 상황과 문제의 시스템적 상호 관계 이해

구성 요소
- **인과 루프 다이어그램**: 요소 간 상호 영향 관계 시각화
- **이해관계자 시스템 맵**: 주요 이해관계자 간 관계와 영향 흐름
- **제약 요인 분석**: 시스템 내 병목 현상과 제약 요소 파악
- **레버리지 포인트 식별**: 시스템 변화에 큰 영향을 미치는 지점 발견
- **시나리오 모델링**: 다양한 변화 시나리오와 영향 예측

활용 방법
- 주요 요소와 변수 식별
- 요소 간 관계와 피드백 루프 맵핑
- 시스템 패턴과 행동 분석
- 효과적 개입 지점 식별 및 방안 수립

5. 조직 에너지 진단 도구(Organizational Energy Assessment)

목적: 조직의 활력과 에너지 상태를 진단하여 변화 동력 파악

구성 요소
- **생산적 에너지 측정**: 열정, 몰입, 주도성 수준
- **편안한 에너지 측정**: 만족, 신뢰, 안정감 수준
- **체념적 에너지 측정**: 냉소, 무관심, 체념 수준
- **부정적 에너지 측정**: 분노, 두려움, 불안 수준
- **에너지 맵**: 팀/부서별 에너지 상태 시각화

활용 방법
- 설문이나 워크숍을 통한 에너지 상태 측정
- 조직 에너지 프로필 작성
- 에너지 흐름의 장애 요인 파악
- 에너지 활성화 전략 수립

II. 질문 기법과 프레임워크

1. 전략적 질문 매트릭스(Strategic Questioning Matrix)
목적: 체계적인 질문을 통해 상황 이해와 해결책 모색
구성 요소
상황 탐색 질문: 현재 상황과 맥락을 명확히 이해하는 질문
- "현재 가장 큰 도전은 무엇입니까?"
- "이 상황에 영향을 미치는 주요 요인들은 무엇입니까?"
- "지금까지 시도한 접근법과 그 결과는 어떠했습니까?"

원인 분석 질문: 문제의 근본 원인을 파악하는 질문
- "왜 이 문제가 발생했다고 생각하십니까?"
- "이 패턴이 반복되는 이유는 무엇일까요?"
- "어떤 가정이 이 상황에 영향을 미치고 있습니까?"

가능성 탐색 질문: 새로운 시각과 대안을 모색하는 질문
- "다른 관점에서 본다면 어떤 기회가 보일까요?"
- "제약이 없다면 어떤 해결책을 선택하시겠습니까?"
- "성공한 사례에서 배울 수 있는 점은 무엇입니까?"

실행 촉진 질문: 구체적인 행동을 유도하는 질문
- "다음 단계로 무엇을 하시겠습니까?"
- "필요한 자원과 지원은 무엇입니까?"
- "성공을 어떻게 측정하시겠습니까?"

활용 방법
- 상황에 맞는 질문 영역 선택
- 개방형 질문을 통한 사고 확장
- 후속 질문으로 심층적 탐색
- 질문 과정에서 발견된 통찰 정리

2. GROW 모델 확장형(Extended GROW Model)
목적: 목표 설정부터 실행 계획까지 체계적인 대화 진행
구성 요소

G (Goal): 목표 명확화
- "이상적인 결과는 무엇입니까?"
- "이 목표가 왜 중요합니까?"
- "이 목표가 더 큰 비전과 어떻게 연결됩니까?"

R (Reality): 현실 상황 점검
- "현재 상황을 어떻게 평가하십니까?"
- "지금까지 어떤 시도를 해보셨습니까?"
- "주요 장애 요인은 무엇입니까?"

O (Options): 선택지 탐색
- "가능한 접근법에는 어떤 것들이 있습니까?"
- "다른 상황에서 효과적이었던 방법은 무엇입니까?"
- "전문가라면 어떤 조언을 제시할까요?"

W (Way Forward): 실행 계획 수립
- "어떤 행동부터 시작하시겠습니까?"
- "필요한 지원과 자원은 무엇입니까?"
- "진행 상황을 어떻게 점검하시겠습니까?"

L (Learning): 학습과 성찰 추가
- "이 과정에서 무엇을 배웠습니까?"
- "다음에는 무엇을 다르게 하시겠습니까?"
- "이 경험을 통해 얻은 통찰은 무엇입니까?"

활용 방법
- 각 단계별 핵심 질문 준비
- 단계적 접근을 통한 대화 진행
- 필요시 이전 단계로 돌아가 재검토
- 합의된 실행 계획과 학습 정리

3. 변화 레버리지 질문 프레임워크(Change Leverage Questions)
목적: 변화의 동기와 장애물을 탐색하고 실행력 강화
구성 요소
불만족 탐색 질문: 현 상태에 대한 불만족 요소 파악

- "현재 상황에서 가장 불편한 점은 무엇입니까?"
- "이대로 계속 간다면 어떤 결과가 예상됩니까?"
- "무엇이 가장 큰 비용이나 손실을 가져옵니까?"

열망 활성화 질문: 바람직한 미래 상태에 대한 열망 강화
- "어떤 미래를 만들고 싶으십니까?"
- "변화가 성공했을 때 어떤 모습일까요?"
- "이 변화를 통해 무엇을 얻길 원하십니까?"

장애물 식별 질문: 변화를 방해하는 요소 파악
- "변화를 어렵게 만드는 요인은 무엇입니까?"
- "어떤 두려움이나 우려가 있습니까?"
- "필요한 자원이나 역량 중 부족한 것은 무엇입니까?"

자원 동원 질문: 가용 자원과 지원 요소 확인
- "활용할 수 있는 강점과 자원은 무엇입니까?"
- "누구의 지원이 필요합니까?"
- "과거에 비슷한 도전을 어떻게 극복했습니까?"

첫 단계 촉진 질문: 구체적인 시작점 명확화
- "지금 당장 할 수 있는 한 가지는 무엇입니까?"
- "작은 성공을 만들려면 무엇부터 시작해야 할까요?"
- "첫 단계의 성공을 어떻게 정의하시겠습니까?"

활용 방법
- 변화 단계에 맞는 질문 영역 선택
- 저항과 동기 요소 균형 있게 탐색
- 긍정적 언어와 가능성 중심 접근
- 실행 가능한 첫 단계 도출

4. 의사결정 질문 프로토콜(Decision-Making Question Protocol)

목적: 중요한 의사결정 과정을 체계적으로 지원

구성 요소

결정 명확화 질문
- "정확히 어떤 결정을 내려야 합니까?"

- "이 결정의 목적과 기대 효과는 무엇입니까?"
- "결정의 범위와 제약 조건은 무엇입니까?"

기준 설정 질문
- "좋은 결정의 기준은 무엇입니까?"
- "단기적/장기적으로 무엇이 중요합니까?"
- "어떤 가치와 원칙을 고려해야 합니까?"

대안 탐색 질문
- "어떤 선택지들이 있습니까?"
- "창의적인 대안은 어떤 것이 있을까요?"
- "다른 관점에서는 어떤 선택지가 보입니까?"

결과 예측 질문
- "각 선택의 잠재적 결과는 무엇입니까?"
- "최악의 시나리오와 대응 방안은 무엇입니까?"
- "누구에게 어떤 영향을 미칠 수 있습니까?"

결정 과정 점검 질문
- "어떤 편향이 이 결정에 영향을 미칠 수 있습니까?"
- "어떤 정보가 더 필요합니까?"
- "이 결정에 대한 확신이 얼마나 됩니까?"

활용 방법
- 의사결정 상황에 맞는 질문 시퀀스 설계
- 각 단계별 충분한 탐색 시간 확보
- 논리적 분석과 직관적 판단 균형
- 결정 과정과 결과 문서화

5. 시스템 인사이트 질문법(Systems Insight Questioning)

목적: 복잡한 시스템과 상호작용 패턴 이해

구성 요소

연결성 탐색 질문
- "이 상황에 영향을 미치는 다른 요소들은 무엇입니까?"
- "어떤 패턴이 반복적으로 나타납니까?"

- "변화가 다른 영역에 어떤 영향을 미칠 수 있습니까?"

피드백 루프 질문
- "어떤 행동이 문제를 악화시키고 있습니까?"
- "긍정적 강화 요소는 무엇입니까?"
- "시간이 지남에 따라 어떤 변화 패턴이 나타납니까?"

심층 구조 질문
- "표면 아래 작동하는 원리는 무엇입니까?"
- "어떤 신념과 가정이 이 패턴을 유지합니까?"
- "시스템의 목적은 무엇이라고 생각하십니까?"

레버리지 포인트 질문
- "작은 변화로 큰 효과를 만들 수 있는 지점은 어디입니까?"
- "시스템 변화의 촉매제는 무엇일 수 있습니까?"
- "장기적 변화를 위해 무엇을 바꿔야 합니까?"

활용 방법
- 시스템 맥락에 대한 이해 구축
- 표면적 증상에서 구조적 원인으로 질문 확장
- 다양한 관점과 시간 프레임 고려
- 패턴과 관계 시각화 지원

III. 실행 계획과 모니터링 템플릿

1. CoachSulting 실행 로드맵(CoachSulting Action Roadmap)
목적: 변화 여정의 주요 단계와 활동 계획 수립

구성 요소
- **비전과 성공 정의**: 달성하고자 하는 최종 상태 명확화
- **주요 이정표**: 단계별 중간 목표와 성과 지표
- **실행 트랙**: 병행 추진되는 주요 변화 영역 구분
- **핵심 활동**: 각 트랙별/단계별 구체적 활동
- **책임과 자원**: 활동별 책임자와 필요 자원 할당
- **의사결정 포인트**: 진행 상황 검토 및 방향 조정 시점

활용 방법
- 비전 워크샵을 통한 변화 목표 수립
- 주요 변화 영역 식별 및 우선순위 설정
- 단계별 활동 계획 수립
- 정기적 점검 및 조정 메커니즘 설계

템플릿 예시

[비전 및 성공 정의]
- 최종 목표:
- 성공 지표:
- 기대 효과:

[주요 이정표]
- 1단계(〜일시):
- 2단계(〜일시):
- 3단계(〜일시):

[실행 트랙 1: _____]
- 핵심 활동 1.1: _____ (책임자: ___, 일정: ___, 자원: ___)
- 핵심 활동 1.2: _____ (책임자: ___, 일정: ___, 자원: ___)

[실행 트랙 2: _____]
- 핵심 활동 2.1: _____ (책임자: ___, 일정: ___, 자원: ___)
- 핵심 활동 2.2: _____ (책임자: ___, 일정: ___, 자원: ___)

[의사결정 포인트]
- 검토 시점 1 (일시): 검토 내용 및 의사결정 사항
- 검토 시점 2 (일시): 검토 내용 및 의사결정 사항

2. 핵심 성과 추적 시스템(Key Performance Tracking System)

목적: 변화 진행 상황과 성과를 체계적으로 측정

구성 요소
- **선행 지표**: 프로세스 개선과 활동 완료 측정 지표
- **후행 지표**: 최종 비즈니스 성과 측정 지표
- **정량 지표**: 수치화된 객관적 성과 지표
- **정성 지표**: 주관적 평가와 피드백 기반 지표
- **측정 주기**: 지표별 측정 빈도와 방법
- **대시보드**: 주요 지표 시각화 및 추세 분석 양식

활용 방법
- 목표에 연계된 핵심 성과 지표(KPI) 설정
- 정량/정성 지표 균형 구성
- 데이터 수집 체계 및 책임 할당
- 정기적 성과 검토 및 조정

템플릿 예시

[선행 지표]
- 지표명: _____
  - 측정 방법: _____
  - 기준선: _____
  - 목표치: _____
  - 측정 주기: _____

- 현재 상태: [그래프/수치]
- 책임자: _____

[후행 지표]
- 지표명: _____
  - 측정 방법: _____
  - 기준선: _____
  - 목표치: _____
  - 측정 주기: _____
  - 현재 상태: [그래프/수치]
  - 책임자: _____

[정성 평가]
- 영역: _____
  - 평가 방법: _____
  - 주요 피드백: _____
  - 개선 추세: _____

[종합 대시보드]
- 주요 지표 시각화
- 목표 대비 진행률
- 이슈 및 조치 사항

3. 실행-학습 사이클 워크시트(Action-Learning Cycle Worksheet)
목적: 지속적인 실행과 학습의 선순환 구조 지원
구성 요소
- **행동 계획**: 구체적인 실행 활동 설계
- **실험 설계**: 가설과 검증 방법 명시
- **관찰 기록**: 실행 과정과 결과 관찰
- **성찰과 학습**: 경험에서 도출된 통찰

- **적용과 조정**: 학습 기반 다음 단계 수정

활용 방법
- 개인/팀별 실행-학습 사이클 설계
- 정기적 성찰 세션 진행
- 학습 내용 공유 및 확산
- 조직 차원의 지식 축적

템플릿 예시

[행동 계획]
- 목표: _____
- 구체적 활동: _____
- 성공 기준: _____
- 잠재적 위험과 대응: _____

[실험 설계]
- 테스트할 가설: _____
- 검증 방법: _____
- 필요한 데이터: _____
- 검증 기간: _____

[관찰 기록]
- 주요 사건/활동: _____
- 예상치 못한 결과: _____
- 이해관계자 반응: _____
- 데이터 요약: _____

[성찰과 학습]
- 주요 발견: _____
- 가설 검증 결과: _____
- 새로운 통찰: _____
- 미해결 질문: _____

[적용과 조정]
- 유지할 요소: _____
- 수정/개선할 요소: _____
- 중단할 요소: _____
- 다음 단계 계획: _____

4. 이해관계자 참여 매트릭스(Stakeholder Engagement Matrix)
목적: 변화 과정에서 핵심 이해관계자 관리 계획
구성 요소
- **이해관계자 맵**: 주요 이해관계자 식별 및 분류
- **영향/관심도 분석**: 이해관계자별 중요도 평가
- **현재/목표 상태**: 각 이해관계자의 현재/목표 참여 수준
- **핵심 관심사**: 이해관계자별 주요 관심사와 우려
- **참여 전략**: 맞춤형 커뮤니케이션과 참여 방안
- **실행 계획**: 구체적인 관계 구축 활동

활용 방법
- 이해관계자 식별 및 분석
- 참여 수준 평가 및 목표 설정
- 맞춤형 전략 수립
- 정기적 점검 및 관계 관리

템플릿 예시
[이해관계자 프로필]
- 이름/그룹: _____
- 역할/영향력: _____
- 현재 참여 수준: [인지/지지/참여/주도]
- 목표 참여 수준: [인지/지지/참여/주도]

[관심사 및 니즈]
- 주요 관심사: _____

- 우려 사항: _____
- 기대 혜택: _____
- 잠재적 저항 요인: _____

[참여 전략]
- 핵심 메시지: _____
- 커뮤니케이션 방식: _____
- 참여 기회: _____
- 책임자: _____

[모니터링]
- 참여 지표: _____
- 관계 상태: _____
- 다음 단계: _____

5. 지속가능 변화 정착 계획(Sustainable Change Anchoring Plan)

목적: 단기 성과를 넘어 장기적 변화 정착 지원

구성 요소
- **시스템 변화 요소**: 정책, 프로세스, 구조 변화 계획
- **역량 개발 계획**: 필요 역량 개발 및 지식 전수 방안
- **문화적 강화 활동**: 가치와 행동 규범 정착 활동
- **모멘텀 유지 전략**: 지속적 동기부여 및 인정 체계
- **자생적 개선 메커니즘**: 자체 개선 역량 구축 방안

활용 방법
- 변화 정착을 위한 다층적 접근법 설계
- 단기/중기/장기 정착 활동 계획
- 책임과 권한 명확화
- 정기적 점검 및 조정 메커니즘

템플릿 예시

[시스템 차원 변화]

- 정책 변경: _____
- 프로세스 재설계: _____
- 구조적 조정: _____
- 평가/보상 체계: _____

[역량 개발]
- 필요 역량 정의: _____
- 학습 프로그램: _____
- 코칭/멘토링 계획: _____
- 지식 관리 시스템: _____

[문화적 강화]
- 핵심 가치와 행동: _____
- 상징적 활동/의식: _____
- 경영진 모델링: _____
- 스토리텔링 활동: _____

[모멘텀 유지]
- 단기 성과 축하: _____
- 진행 상황 시각화: _____
- 인정/보상 체계: _____
- 성공 사례 공유: _____

[자생적 개선 메커니즘]
- 자체 진단 도구: _____
- 지속적 개선 프로세스: _____
- 내부 역량 개발: _____
- 학습 커뮤니티: _____

6. 개인 변화 실행 플래너(Personal Change Action Planner)

목적: 개인 수준의 행동 변화와 성장 지원

구성 요소

- **변화 목표**: 구체적이고 측정 가능한 개인 변화 목표
- **현재 상태 평가**: 현재 행동과 역량의 객관적 평가
- **동기 강화 요소**: 개인적 의미와 목적 연결
- **행동 계획**: 구체적인 일상 습관과 행동 변화
- **지원 요소**: 필요한 지원과 자원 계획
- **자기 모니터링**: 진행 상황 추적 및 자기 성찰

활용 방법

- 개인 맞춤형 변화 목표 설정
- 동기 요소와 장애물 탐색
- 구체적인 행동 계획 수립
- 정기적 점검 및 성찰

템플릿 예시

[변화 목표]
- 구체적 목표: _____
- 측정 방법: _____
- 목표 달성 일정: _____
- 이 목표가 중요한 이유: _____

[현재 상태]
- 현재 행동/습관: _____
- 강점과 자원: _____
- 장애물/도전 요소: _____
- 이전 시도와 교훈: _____

[행동 계획]
- 새로운 일상 습관: _____
- 트리거 관리 전략: _____

- 필요한 기술/지식: _____
- 연습 기회: _____

[지원 시스템]
- 멘토/코치: _____
- 학습 자원: _____
- 책임 파트너: _____
- 환경 조성: _____

[진행 모니터링]
- 일일/주간 점검: _____
- 성공 지표: _____
- 성찰 질문: _____
- 조정 메커니즘: _____

7. 통합 피드백 시스템(Integrated Feedback System)

목적: 지속적인 피드백과 조정을 통한 학습 촉진

구성 요소

- **정기 피드백 채널**: 다양한 피드백 수집 방법
- **피드백 분석 프레임워크**: 체계적인 피드백 분석 방법
- **실시간 적응 메커니즘**: 신속한 조정과 대응 체계
- **학습 순환 구조**: 피드백을 학습과 개선으로 연결
- **메타 피드백**: 피드백 시스템 자체의 개선

활용 방법

- 다양한 피드백 채널 설계
- 정기적 피드백 수집 및 분석 루틴
- 의사결정 및 조정 프로세스와 연계
- 학습 문화 강화

템플릿 예시

[피드백 채널]

- 정기 검토 세션: [빈도/형식]
- 펄스 서베이: [질문/빈도]
- 일상적 피드백 메커니즘: _____
- 익명 피드백 채널: _____

[피드백 분석]
- 핵심 패턴 식별: _____
- 우선순위 결정 기준: _____
- 실행 가능 통찰 도출: _____
- 학습 공유 방식: _____

[대응 메커니즘]
- 빠른 대응 사항: _____
- 중기 조정 사항: _____
- 전략적 재검토 사항: _____
- 책임자와 일정: _____

[피드백 학습 순환]
- 피드백 → 통찰 → 행동 → 결과 → 피드백
- 학습 문서화: _____
- 지식 공유 플랫폼: _____
- 개선 사례 추적: _____

IV. CoachSulting 통합 도구 시스템

1. 단계별 도구 매트릭스(Phase-Based Tool Matrix)
목적: CoachSulting 프로세스 각 단계에 맞는 도구 선택 가이드
구성 요소
- **발견 단계 도구**: 현황 파악과 니즈 발견을 위한 도구
- **설계 단계 도구**: 해결책과 접근법 설계를 위한 도구
- **실행 단계 도구**: 변화 실행과 모니터링을 위한 도구
- **정착 단계 도구**: 변화 정착과 지속성 확보를 위한 도구
- **선택 기준**: 상황별 최적 도구 선택 가이드

매트릭스 예시

단계	주요 목적	코칭 중심 도구	컨설팅 중심 도구	통합 도구
발견	상황 이해와 니즈 파악	• 심층 질문 프로토콜 • 360도 피드백	• 조직 진단 분석 • 갭 분석	• 통합적 상황 진단 • 시스템 사고 맵핑
설계	접근법과 해결책 개발	• GROW 모델 확장형 • 가능성 탐색 질문	• 모범 사례 벤치마킹 • 솔루션 평가 매트릭스	• 협력적 설계 워크숍 • 변화 레버리지 프레임워크
실행	변화 실행과 조정	• 실행-학습 사이클 • 의사결정 질문 프로토콜	• 프로젝트 관리 도구 • 성과 측정 시스템	• CoachSulting 실행 로드맵 • 이해관계자 참여 매트릭스
정착	변화 내재화와 지속성	• 개인 변화 플래너 • 자기 주도성 개발	• 시스템/프로세스 설계 • 지식 관리 체계	• 지속가능 변화 정착 계획 • 통합 피드백 시스템

2. 상황별 도구 선택 가이드(Situational Tool Selection Guide)
목적: 다양한 상황과 맥락에 맞는 최적의 도구 선택 지원

상황 유형별 추천 도구

조직 변화 상황
급격한 변화 필요 시
- 진단: 조직 에너지 진단, 갭 분석 매트릭스
- 질문: 변화 레버리지 질문, 시스템 인사이트 질문
- 실행: CoachSulting 실행 로드맵, 이해관계자 참여 매트릭스

점진적 발전 상황
- 진단: 360도 역량 피드백, 시스템 사고 맵핑
- 질문: 전략적 질문 매트릭스, 확장형 GROW 모델
- 실행: 실행-학습 사이클, 통합 피드백 시스템

팀 효과성 향상 상황
갈등 해결 중심
- 진단: 갭 분석 매트릭스, 시스템 사고 맵핑
- 질문: 시스템 인사이트 질문, 의사결정 질문 프로토콜
- 실행: 이해관계자 참여 매트릭스, 통합 피드백 시스템

성과 향상 중심
- 진단: 통합적 상황 진단, 360도 역량 피드백
- 질문: 확장형 GROW 모델, 전략적 질문 매트릭스
- 실행: 핵심 성과 추적 시스템, 실행-학습 사이클

리더십 개발 상황
전략적 리더십 개발
- 진단: 360도 역량 피드백, 시스템 사고 맵핑
- 질문: 전략적 질문 매트릭스, 시스템 인사이트 질문
- 실행: 개인 변화 실행 플래너, 실행-학습 사이클

운영적 리더십 개발
- 진단: 통합적 상황 진단, 갭 분석 매트릭스
- 질문: 확장형 GROW 모델, 의사결정 질문 프로토콜

- 실행: 핵심 성과 추적 시스템, 통합 피드백 시스템

3. 도구 통합 활용 프레임워크(Tool Integration Framework)
목적: 다양한 도구의 효과적 조합과 시너지 창출 가이드

통합 활용 원칙
- **상황 맞춤형 접근**: 고객의 상황과 니즈에 따른 도구 조합
- **균형적 활용**: 코칭 도구와 컨설팅 도구의 균형 있는 활용
- **단계적 적용**: 프로세스 흐름에 맞는 도구 시퀀싱
- **유연한 전환**: 상황 변화에 따른 도구 전환 및 조정
- **지속적 학습**: 도구 효과성 평가와 개선

통합 활용 예시
조직 변화 관리 통합 접근법
- **현황 진단**: 통합적 상황 진단 + 조직 에너지 진단
- **원인 탐색**: 시스템 사고 맵핑 + 시스템 인사이트 질문
- **방향 설정**: 변화 레버리지 질문 + 갭 분석 매트릭스
- **설계 개발**: 전략적 질문 매트릭스 + 확장형 GROW 모델
- **실행 계획**: CoachSulting 실행 로드맵 + 이해관계자 참여 매트릭스
- **모니터링**: 핵심 성과 추적 시스템 + 통합 피드백 시스템
- **정착화**: 지속가능 변화 정착 계획 + 실행-학습 사이클

리더 개발 통합 접근법
- **역량 진단**: 360도 역량 피드백 + 갭 분석 매트릭스
- **인사이트 개발**: 전략적 질문 매트릭스 + 시스템 인사이트 질문
- **목표 설정**: 확장형 GROW 모델 + 의사결정 질문 프로토콜
- **행동 계획**: 개인 변화 실행 플래너 + 실행-학습 사이클
- **실행 지원**: 통합 피드백 시스템 + 지속가능 변화 정착 계획

4. CoachSulting 도구 맞춤화 가이드(Tool Customization Guide)

목적: 기존 도구의 맞춤화 및 새로운 도구 개발 지원

맞춤화 단계
- **평가**: 기존 도구의 적합성과 한계 평가
- **조정**: 목적과 맥락에 맞는 도구 조정
- **테스트**: 소규모 파일럿 적용 및 피드백
- **개선**: 학습 기반 지속적 개선
- **통합**: CoachSulting 프로세스에 효과적 통합

맞춤화 고려 요소
- **고객 특성**: 산업, 규모, 문화, 성숙도
- **변화 유형**: 전략적/운영적, 전사적/국지적, 점진적/급진적
- **자원 제약**: 시간, 예산, 역량, 접근성
- **기대 성과**: 단기/장기, 정량적/정성적

맞춤화 워크시트

[도구 기본 정보]
- 원래 도구명: _____
- 원래 목적/용도: _____
- 주요 구성 요소: _____

[맞춤화 필요성]
- 현재 상황 특성: _____
- 기존 도구 한계점: _____
- 맞춤화 목표: _____

[맞춤화 방향]
- 유지할 요소: _____
- 수정할 요소: _____
- 추가할 요소: _____

- 제거할 요소: _____

[맞춤화 결과]
- 새 도구명: _____
- 적용 방법: _____
- 기대 효과: _____
- 성공 지표: _____

5. 도구 활용 역량 개발 가이드(Tool Competency Development Guide)
목적: CoachSultant의 도구 활용 역량 향상 지원

핵심 역량 영역
- **도구 선택 역량**: 상황에 맞는 최적 도구 선택 능력
- **도구 응용 역량**: 도구를 유연하게 적용하고 조정하는 능력
- **통합적 활용 역량**: 다양한 도구를 시너지 있게 결합하는 능력
- **프로세스 진행 역량**: 도구를 통한 효과적 대화 및 워크숍 진행 능력
- **맞춤화 역량**: 도구를 상황에 맞게 수정하고 개발하는 능력

역량 개발 방법
- **학습 자원**: 교재, 온라인 과정, 사례 연구
- **실습 기회**: 시뮬레이션, 동료 코칭, 실제 적용
- **성찰 활동**: 자기 평가, 피드백 수집, 성찰 일지
- **멘토링**: 전문가 가이드, 관찰 학습, 피드백
- **공동체 학습**: 사례 공유, 공동 개발, 집단 지성

개인 역량 개발 계획

[현재 역량 평가]
- 도구 선택 역량: [1~5 척도]
- 도구 응용 역량: [1~5 척도]
- 통합적 활용 역량: [1~5 척도]
- 프로세스 진행 역량: [1~5 척도]
- 맞춤화 역량: [1~5 척도]

[우선순위 개발 영역]
- 핵심 개발 영역: _____
- 개발 목표: _____
- 성공 지표: _____

[개발 활동 계획]
- 학습 활동: _____
- 실습 기회: _____
- 피드백 획득: _____
- 멘토/지원: _____

[진행 점검]
- 점검 일정: _____
- 평가 방법: _____
- 조정 메커니즘: _____

V. CoachSulting 도구 실전 적용 사례

1. 조직 변화 관리 사례
상황: 중견 제조기업의 디지털 전환 프로젝트
활용 도구와 적용 방법
- **통합적 상황 진단**: 디지털 역량, 프로세스, 문화, 리더십 현황 종합 분석
- **시스템 사고 맵핑**: 디지털 전환의 조직 내 영향 관계와 잠재적 저항점 파악
- **변화 레버리지 질문**: 경영진과 중간관리자 대상 변화 동기와 비전 명확화
- **이해관계자 참여 매트릭스**: 부서별/직급별 맞춤형 참여 전략 수립
- **CoachSulting 실행 로드맵**: 3단계(기반 구축-시스템 전환-역량 강화) 변화 계획 수립
- **실행-학습 사이클**: 파일럿 프로젝트 운영과 학습 기반 접근법 확산
- **통합 피드백 시스템**: 변화 과정 지속 모니터링 및 실시간 조정

성과
- 초기 저항에서 적극적 참여로 조직 에너지 전환
- 계획 대비 30% 빠른 핵심 시스템 도입
- 상향식/하향식 접근 균형으로 지속가능한 변화 기반 구축

2. 리더십 개발 사례
상황: 글로벌 기업 신임 임원진의 리더십 전환 지원
활용 도구와 적용 방법
- **360도 역량 피드백**: 리더십 스타일과 효과성에 대한 다면 평가
- **전략적 질문 매트릭스**: 리더십 철학과 접근법에 대한 심층 성찰 유도
- **시스템 인사이트 질문**: 조직 시스템 이해와 영향력 행사 지점 파악
- **개인 변화 실행 플래너**: 맞춤형 리더십 개발 계획 수립
- **실행-학습 사이클**: 실제 도전 과제 해결 과정에서의 학습 촉진
- **의사결정 질문 프로토콜**: 주요 의사결정 과정의 체계화 지원

성과
- 임원진의 전략적 사고와 영향력 강화

- 팀 성과 및 직원 만족도 상승
- 조직 변화 이니셔티브 추진력 강화

3. 혁신 문화 구축 사례
상황: 전통적 금융기관의 혁신 문화 구축 프로젝트
활용 도구와 적용 방법
- **조직 에너지 진단**: 현재 문화와 에너지 상태 파악
- **갭 분석 매트릭스**: 현재 문화와 목표 혁신 문화 간 차이 분석
- **시스템 사고 맵핑**: 문화 변화 저해 요인과 촉진 요인 시스템 분석
- **변화 레버리지 질문**: 리더십 팀의 문화 변화 동기와 의지 강화
- CoachSulting 실행 로드맵: 혁신 문화 구축 단계별 접근 계획
- **이해관계자 참여 매트릭스**: 문화 변화 촉진자와 영향력자 참여 전략
- **지속가능 변화 정착 계획**: 혁신 관행의 일상화와 제도화 방안

성과
- 내부 혁신 제안 건수 300% 증가
- 부서 간 협업 프로젝트 활성화
- 의사결정 속도와 실행력 개선

4. 팀 성과 향상 사례
상황: 다국적 프로젝트 팀의 협업과 성과 개선
활용 도구와 적용 방법
- **통합적 상황 진단**: 팀 다이나믹스와 협업 패턴 분석
- **360도 역량 피드백**: 팀원 간 상호 피드백과 협업 스타일 이해
- **확장형 GROW 모델**: 팀 목표와 현실 인식 공유
- **의사결정 질문 프로토콜**: 팀 의사결정 프로세스 개선
- **실행-학습 사이클**: 프로젝트 진행 과정의 지속적 학습 촉진
- **통합 피드백 시스템**: 실시간 협업 조정과 개선

성과
- 프로젝트 일정 준수율 개선
- 팀 만족도와 소속감 강화

- 갈등 감소와 건설적 논의 증가

5. 개인 역량 개발 사례
상황: 핵심 인재의 리더십 전환 및 경력 개발 지원
활용 도구와 적용 방법
- **360도 역량 피드백**: 현재 강점과 개발 영역 파악
- **갭 분석 매트릭스**: 현재 역량과 목표 역할 요구 역량 간 차이 분석
- **확장형 GROW 모델**: 경력 목표와 개발 방향 명확화
- **전략적 질문 매트릭스**: 리더십 정체성과 가치 성찰
- **개인 변화 실행 플래너**: 맞춤형 역량 개발 계획 수립
- **실행-학습 사이클**: 실제 업무 상황에서의 적용과 학습

성과
- 목표 역할 요구 역량의 빠른 습득
- 자기 인식과 영향력 증대
- 새로운 도전에 대한 준비도와 자신감 강화

VI. CoachSulting 사례 분석 워크시트

1. 상황 분석과 접근법 선택

1.1 고객 상황 분석

기본 정보
- 고객명/조직명: _____
- 주요 이해관계자: _____
- 분석 날짜: _____
- 분석 책임자: _____

현재 상황 진단

(다음 영역별로 1~5점 척도로 평가, 1=매우 취약, 5=매우 강점)

영역	평가	주요 이슈 및 관찰사항
전략 명확성		
리더십 역량		
조직 문화		
실행력		
조직 구조		
인재 역량		
변화 수용성		
의사소통		

핵심 도전과제(우선순위별 3가지)

1. _____
2. _____
3. _____

기회 영역(잠재적 레버리지 포인트)

1. _____
2. _____
3. _____

시스템적 관점 분석
- 가시적 문제 이면의 패턴: _____
- 상호 연관된 요소들: _____
- 핵심 레버리지 포인트: _____

1.2 코칭과 컨설팅 접근법 분석
접근법 스펙트럼 평가(각 항목에 체크)

상황 특성	코칭 중심	컨설팅 중심	균형적 접근
문제의 기술적 복잡성	☐ 낮음	☐ 매우 높음	☐ 중간
해결책에 대한 지식 격차	☐ 작음	☐ 큼	☐ 중간
조직의 실행 역량	☐ 높음	☐ 낮음	☐ 중간
변화의 시급성	☐ 여유 있음	☐ 매우 시급	☐ 중간
내재화 중요성	☐ 매우 높음	☐ 낮음	☐ 중간
조직 자율성 수준	☐ 높음	☐ 낮음	☐ 중간
리더십 개발 필요성	☐ 높음	☐ 낮음	☐ 중간
문화적 변화 요구	☐ 높음	☐ 낮음	☐ 중간

최초 접근법 결정
☐ 코칭 중심 (질문과 성찰 유도 중심)
☐ 컨설팅 중심 (솔루션 제공 중심)
☐ 균형적 접근 (상황에 따른 유연한 전환)
선택 근거:

_____

_____

1.3 단계별 접근법 설계

프로젝트 단계	주요 활동	코칭 비중(%)	컨설팅 비중(%)	핵심 도구/기법
초기 진단				
방향 설정				
전략 수립				

실행 계획				
변화 관리				
역량 강화				
평가 및 조정				

프로세스 맵: (단계별 흐름과 전환점을 시각적으로 표현)

[초기 진단] → [방향 설정] → [전략 수립] → [실행 계획] → [변화 관리] → [역량 강화] → [평가 및 조정]

2. 균형점 찾기 연습

2.1 상황별 균형점 분석

핵심 의사결정/논의 포인트(프로젝트에서 예상되는 주요 결정 지점)

의사결정 포인트	상황 설명	코칭 접근법	컨설팅 접근법	선택한 균형점	근거
1.					
2.					
3.					
4.					
5.					

2.2 역할 전환 시뮬레이션

상황 A: _____

접근 모드	구체적 대화/행동	예상 효과	잠재적 위험
전문가 모드			
촉진자 모드			
균형점 모드			

상황 B: _____

접근 모드	구체적 대화/행동	예상 효과	잠재적 위험
전문가 모드			

촉진자 모드			
균형점 모드			

2.3 통합적 개입 설계

개입 포인트 1: _____

개입 단계	코칭 요소	컨설팅 요소	통합 방식
준비			
실행			
후속 조치			

개입 포인트 2: _____

개입 단계	코칭 요소	컨설팅 요소	통합 방식
준비			
실행			
후속 조치			

2.4 전환점 모니터링

접근법 전환 트리거 식별

- 컨설팅 → 코칭 전환 신호:

1. _____
2. _____
3. _____

- 코칭 → 컨설팅 전환 신호:

1. _____
2. _____
3. _____

반영 일지

날짜: _____

관찰된 상황:
_____

의도한 접근법:
_____

실제 사용한 접근법:
_____

효과성 평가:
_____

다음에 시도할 조정사항:
_____

3. 성과 측정과 평가

3.1 성과 지표 설계
하드 지표(정량적 측정)

영역	지표	현재값	목표값	측정 방법	측정 주기
재무					
운영					
고객					
인적자원					

소프트 지표(정성적 측정)

영역	지표	현재 상태	목표 상태	측정 방법	측정 주기
리더십					
문화					

역량					
변화 수용성					

프로세스 지표(CoachSulting 과정 자체의 효과성)

영역	지표	기준	측정 방법	측정 주기
참여도				
관계 질				
통찰 생성				
실행력				

3.2 다차원 평가 프레임워크

변화의 깊이 측정(1~5점 척도)

차원	초기	중간	최종	변화 설명
행동 변화				
역량 개발				
사고방식 전환				
시스템 변화				

ROI 분석 (Return on Investment)

항목	금액/가치	계산 방법	신뢰도(1~5)
총 투자 비용			
정량적 이익			
정성적 이익의 금전적 가치			
순 이익			
ROI 비율			

지속가능성 평가

영역	현재 지속가능성(1~5)	개선 필요 영역	강화 전략
지식 이전			

내재화			
자체 개선 메커니즘			
리더십 지원			

3.3 통합적 평가 및 학습 사이클

360도 이해관계자 평가

이해관계자	주요 성과	평가 방법	핵심 피드백	개선점
경영진				
중간관리자				
실무자				
CoachSultant				
기타				

성공 요인 분석

성공 영역	성공 요인	증거	재현성

장애 요인 분석

장애 영역	장애 요인	증거	해결 전략

학습 및 통찰 기록

프로젝트에서 얻은 주요 통찰:

다음 프로젝트에 적용할 핵심 교훈:
_____
_____

CoachSulting 접근법 개선 아이디어:
_____
_____

공유할 가치가 있는 사례/스토리:
_____
_____

3.4 성과 평가 종합 대시보드
종합 점수 산출

평가 영역	가중치(%)	달성도(1~5)	가중 점수
하드 지표 달성도			
소프트 지표 달성도			
프로세스 효과성			
변화의 깊이			
지속가능성			
종합 점수	100%		

시각화 대시보드: (방사형 차트, 추세선 등으로 표현)

최종 평가 요약:
프로젝트 명: _____
기간: _____
종합 달성도: _____

주요 성과:
_____
_____

개선 영역:
_____
_____

후속 권고사항:
_____
_____

CoachSulting 접근법 효과성 평가:
_____
_____

부록: 워크시트 활용 가이드
활용 시점
- 프로젝트 시작 전: 1.1~1.3 섹션을 통한 초기 접근법 설계
- 프로젝트 중: 2.1~2.4 섹션을 통한 접근법 조정
- 주요 전환점: 2.4 섹션을 통한 성찰 및 조정
- 중간 평가: 3.1~3.3 섹션의 일부를 활용한 진행 상황 점검
- 최종 평가: 3.1~3.4 섹션을 통한 종합 평가

효과적 활용 팁
- 고객과 함께 워크시트 작성을 고려하라
- 정기적으로 접근법을 재평가하라
- 데이터 수집을 체계적으로 진행하라
- 평가 결과를 다음 개입 설계에 반영하라
- 사례 라이브러리를 구축하여 지식을 축적하라

CoachSulting 스타일 자가 진단

접근 스타일	1	2	3	4	5
나는 솔루션 제공에 편안함을 느낀다					
나는 질문을 통한 성찰 유도에 능숙하다					
나는 상황에 따라 역할 전환이 자연스럽다					
나는 고객의 필요를 정확히 파악한다					
나는 균형점을 찾는데 직관적 감각이 있다					

개선 영역 식별

나의 CoachSulting 스타일 현재 강점:
_____

개발이 필요한 영역:
_____

개선을 위한 구체적 행동 계획:
_____

제2장. 컨설팅 전문 도구 상세

CoachSulting 전문 도구 중 사용 빈도가 많은 도구들에 대해 구체적으로 살펴보겠다.

각 도구들의 개념 및 목적, 프로세스 및 사용 방법, 중소기업 CoachSulting 에서의 활용 등을 중심으로 내용을 정리하였다. 도구들의 나열 순서는 영문 알파벳 및 아라비아 숫자 순으로 정리하였다.

Ansoff 매트릭스

1. 개념
Ansoff Matrix(앤소프 매트릭스)는 1957년 러시아계 미국 경영학자 이고르 앤소프 Igor Ansoff가 개발한 전략적 계획 도구로, 기업의 성장 전략을 수립하는 데 활용되는 프레임워크이다. 이 매트릭스는 '제품(Product)'과 '시장(Market)'이라는 두 가지 핵심 차원을 기준으로 네 가지 성장 전략 옵션을 제시한다.
Ansoff Matrix는 제품과 시장을 각각 '기존(Existing)'과 '신규(New)'로 구분하여 다음 네 가지 성장 전략을 도출한다.

1.1 시장 침투(Market Penetration)
- 기존 제품, 기존 시장
- 현재의 제품으로 기존 시장에서의 점유율 확대 전략

1.2 시장 개발(Market Development)
- 기존 제품, 신규 시장
- 현재의 제품을 새로운 시장으로 확장하는 전략

1.3 제품 개발(Product Development)
- 신규 제품, 기존 시장
- 기존 시장에 새로운 제품을 제공하는 전략

1.4 다각화(Diversification)
- 신규 제품, 신규 시장
- 새로운 제품으로 새로운 시장에 진출하는 전략
- 관련 다각화(Related Diversification)와 비관련 다각화(Unrelated Diversification)로 구분 가능

2. 목적
- 체계적 성장 전략 수립: 기업 성장을 위한 다양한 전략적 옵션 검토
- 리스크 평가 및 관리: 각 전략 옵션에 따른 리스크 수준 평가

- 자원 배분 최적화: 제한된 자원을 어떤 성장 방향에 투입할지 결정
- 단계적 성장 로드맵: 순차적 성장을 위한 전략적 경로 설계
- 전략적 초점 명확화: 조직의 성장 방향에 대한 명확한 방향 제시
- 투자 우선순위 결정: 다양한 성장 기회 간의 우선순위 설정

3. Ansoff Matrix 활용 방법
3.1 현황 분석 및 평가
- 제품 포트폴리오 분석: 현재 제품/서비스의 특성, 수명주기, 경쟁력 평가
- 시장 현황 분석: 기존 시장 규모, 성장률, 경쟁 상황, 시장 점유율 평가
- 내부 역량 평가: 기술, 마케팅, 유통, 재무 등 내부 역량 평가
- 외부 환경 분석: 새로운 시장 기회, 위협 요인, 산업 트렌드 분석

3.2 각 전략 옵션 탐색 및 평가
3.2.1 시장 침투(Market Penetration) 전략 검토
- 가능한 전술 식별: 가격 조정, 프로모션 강화, 유통 확대, 고객 서비스 개선 등
- 시장 점유율 증가 가능성: 경쟁 상황, 시장 포화도 등 고려
- 필요 자원 및 역량 평가: 실행에 필요한 자원과 현재 보유 역량 비교
- 재무적 영향 예측: 매출, 수익성, 투자수익률(ROI) 추정

3.2.2 시장 개발(Market Development) 전략 검토
- 잠재적 신규 시장 식별: 새로운 지역, 고객 세그먼트, 용도 등 탐색
- 진입 장벽 및 요구사항 분석: 규제, 문화적 차이, 현지화 필요성 등 평가
- 유통 및 마케팅 요구사항: 새로운 시장 접근을 위한 채널 및 마케팅 전략
- 리스크 및 투자 요구사항: 필요 투자 규모와 예상 리스크 평가

3.2.3 제품 개발(Product Development) 전략 검토
- 신제품 기회 식별: 고객 니즈, 기술 트렌드, 경쟁 상황 기반 기회 탐색
- 개발 역량 및 자원 평가: R&D, 설계, 생산 역량 평가
- 신제품 출시 요구사항: 개발 일정, 비용, 마케팅 요구사항 등 분석
- 기존 제품과의 시너지: 기존 제품 라인과의 보완성, 잠재적 카니발라이제이션 검토

3.2.4 다각화(Diversification) 전략 검토
- 다각화 유형 결정: 관련/비관련 다각화 중 적합한 접근법 선택
- 시너지 가능성 평가: 기존 사업과의 시너지 가능성 (관련 다각화의 경우)
- 리스크 프로필 분석: 고위험/고수익 특성 평가
- 진입 방식 검토: 자체 개발, 인수합병(M&A), 전략적 제휴 등 옵션 비교

3.3 전략 선택 및 우선순위 설정
- 리스크-수익 분석: 각 옵션의 잠재적 수익과 리스크 평가
- 자원 제약 고려: 가용 자원(재무, 인력, 시간 등)을 고려한 실현 가능성 평가
- 전략적 적합성: 기업의 비전, 미션, 장기 목표와의 일치성 평가
- 순차적 접근법 검토: 리스크가 낮은 전략부터 단계적 실행 가능성 평가

3.4 실행 계획 수립
- 단기/중기/장기 목표 설정: 각 전략별 구체적, 측정 가능한 목표 설정
- 자원 배분 계획: 필요 자원 식별 및 확보 계획
- 조직 구조 및 프로세스: 전략 실행을 위한 조직 구조 및 프로세스 조정
- 성과 측정 체계: 진행 상황 및 성과 모니터링을 위한 KPI 설정

4. 중소기업 CoachSulting에서의 Ansoff Matrix 활용
4.1 중소기업 맞춤형 접근법
4.1.1 단계적 성장 중심
- 리스크와 자원 제약을 고려한 점진적 접근법 강조
- 성공 경험 축적을 통한 자신감과 역량 구축 유도
- 단기 생존과 장기 성장의 균형에 초점

4.1.2 현실적 리스크 관리
- 중소기업의 리스크 감내 능력을 고려한 전략 선택
- 실패 시 생존을 위협하지 않는 수준의 시도 권장
- '저위험-저수익'에서 '고위험-고수익' 전략으로 점진적 전환

4.1.3 핵심 역량 기반 접근
- 기존 강점과 차별화 요소를 활용한 성장 전략 수립

- 제한된 자원의 효율적 활용을 위한 선택과 집중
- 외부 파트너십을 통한 역량 보완 기회 탐색

4.2 활용 범위 및 효과
4.2.1 시장 침투 전략 활용
- 기존 고객 활성화: 고객 충성도 프로그램, 교차판매, 상향판매 전략
- 고객 확보 효율화: 타겟 마케팅, 가격 최적화, 프로모션 효과성 개선
- 경쟁 대응 전략: 경쟁사 고객 유치, 차별화 포인트 강화, 틈새시장 공략

4.2.2 시장 개발 전략 활용
- 지역 확장: 인근 지역, 국내 타 지역, 해외 시장 진출 전략
- 신규 세그먼트 개발: 새로운 고객층, 용도, 응용 분야 개척
- 온라인 채널 확장: 디지털 마케팅, 전자상거래, 온라인 판매 플랫폼 활용

4.2.3 제품 개발 전략 활용
- 제품 라인 확장: 기존 제품의 변형, 제품군 확대, 제품 업그레이드
- 고객 중심 혁신: 고객 피드백 기반 신제품 개발, 미충족 니즈 대응
- 기술력 활용: 보유 기술의 새로운 적용, 기술 로드맵 기반 개발

4.2.4 다각화 전략 활용
- 관련 다각화: 기존 사업과 연관된 제품/시장 확장, 가치사슬 통합
- 전략적 제휴: 보완적 역량을 가진 파트너와의 협력 모델
- 인수 기회: 중소규모 경쟁사 또는 보완적 사업 인수 검토

4.3 중소기업별 맞춤 전략 가이드
4.3.1 초기 성장 단계 기업
- 우선 전략: 시장 침투 → 제품 개발 또는 시장 개발
- 핵심 고려사항: 안정적 현금흐름 확보, 핵심 경쟁력 강화, 브랜드 구축
- 리스크 관리: 단계적 투자, 테스트-학습 접근법, 핵심 사업 안정성 유지

4.3.2 안정기 중소기업
- 우선 전략: 시장 개발 + 제품 개발 → 점진적 관련 다각화
- 핵심 고려사항: 성장 정체 극복, 시장 변화 대응, 새로운 성장 동력 발굴
- 리스크 관리: 포트폴리오 접근법, 성공적 파일럿 후 확장, 단계적 투자

4.3.3 성숙기 중소기업

- 우선 전략: 제품 개발 + 시장 개발 + 선택적 다각화
- 핵심 고려사항: 사업 재활성화, 미래 성장 동력 확보, 시장 변화 선제 대응
- 리스크 관리: 기존 사업 안정성 유지, 다각화 리스크 분산, 자원 균형 배분

BCG 매트릭스

1. 개념
BCG 매트릭스(BCG Matrix)는 보스턴 컨설팅 그룹(Boston Consulting Group)이 1970년대에 개발한 포트폴리오 분석 도구로, 기업의 제품이나 사업 부문을 전략적으로 평가하고 자원 배분 의사결정을 지원한다. 이 모델은 '시장 성장률'과 '상대적 시장 점유율'이라는 두 가지 핵심 변수를 기준으로 제품이나 사업 단위를 네 가지 범주로 분류한다.

1.1 별(Stars)
- 높은 성장률, 높은 시장 점유율
- 성장 산업에서 시장 지배력을 가진 사업/제품
- 현금 창출과 투자가 모두 필요

1.2 현금 젖소(Cash Cows)
- 낮은 성장률, 높은 시장 점유율
- 성숙 산업에서 시장 지배력을 가진 사업/제품
- 적은 투자로 안정적인 현금 창출

1.3 물음표(Question Marks)
- 높은 성장률, 낮은 시장 점유율
- 성장 산업이지만 시장 지배력이 약한 사업/제품
- 시장 점유율 확대를 위해 대규모 투자 필요

1.4 개(Dogs)
- 낮은 성장률, 낮은 시장 점유율
- 성숙/쇠퇴 산업에서 경쟁력이 약한 사업/제품
- 현금 창출 제한적, 때로는 현금 소모

2. 목적
- 포트폴리오 균형 평가: 기업의 사업 포트폴리오가 균형 잡혀 있는지 평가
- 자원 배분 최적화: 제한된 자원을 어떤 사업/제품에 배분할지 결정

- 장기적 성장 전략 수립: 지속가능한 성장을 위한 포트폴리오 관리 방향 설정
- 투자 우선순위 결정: 사업/제품별 투자 정도와 유형 결정
- 사업 구조조정 판단: 철수, 매각, 구조조정이 필요한 사업 식별
- 현금 흐름 균형 관리: 조직 전체의 현금 흐름 균형 유지

3. BCG Matrix 분석 프로세스
3.1 사전 준비
- 분석 대상 정의: 분석할 제품, 사업 단위, 브랜드 등 결정
- 데이터 수집: 시장 성장률, 시장 점유율, 경쟁사 정보 등 관련 데이터 수집
- 측정 기준 설정: '높음'과 '낮음'을 구분하는 기준 설정 (일반적으로 시장 성장률 10%, 상대적 시장 점유율 1.0 기준)

3.2 변수 측정 및 평가
- 시장 성장률 측정: 각 사업/제품이 속한 시장의 연간 성장률 계산
- 상대적 시장 점유율 계산: 자사 시장 점유율 ÷ 주요 경쟁사 시장 점유율
- 사분면 배치: 측정된 두 변수를 기준으로 각 사업/제품을 사분면에 배치

3.3 포트폴리오 분석
- 포트폴리오 구성 평가: 각 사분면에 속한 사업/제품의 비중 분석
- 현금 흐름 균형 검토: 현금 창출(Cash Cows)과 현금 소비(Stars, Question Marks) 간 균형 평가
- 장기적 지속가능성 검토: 미래 성장동력과 현재 수익원의 균형 분석

3.4 사분면별 전략 방향 설정
- 별(Stars): 시장 지배력 유지/강화 위한 지속 투자
- 현금 젖소(Cash Cows): 최소 투자로 현금 흐름 극대화, 창출된 현금을 Stars나 유망한 Question Marks에 투자
- 물음표(Question Marks): 선택과 집중(투자 확대하여 Star로 육성 또는 철수)
- 개(Dogs): 구조조정, 매각, 또는 철수(단, 전략적 중요성 있는 경우 유지)

3.5 실행 계획 수립

- 자원 배분 계획: 각 사업/제품별 인력, 자본, 마케팅 등 자원 배분 계획
- 포트폴리오 조정 로드맵: 중장기적 사업 포트폴리오 변화 방향 설정
- 구체적 실행 과제: 각 사업/제품별 세부 전략 및 실행 계획 수립

4. 중소기업 CoachSulting에서의 BCG Matrix 활용
4.1 중소기업 맞춤형 접근법
4.1.1 간소화된 분석
- 복잡한 시장 데이터가 부족한 경우, 상대적 비교와 정성적 평가 병행
- 제품 라인이나 고객 세그먼트 단위로 적용 가능
- 직관적 이해와 의사결정을 위한 시각화 중시

4.1.2 현실적 자원 제약 고려
- 제한된 자원으로 최대 효과를 낼 수 있는 집중 영역 식별
- 단계적 투자 및 성장 접근법 적용
- 외부 자원 활용(파트너십, 아웃소싱 등) 기회 탐색

4.1.3 유연한 적용
- 시장 정의를 틈새시장으로 좁혀 분석
- 대기업 대비가 아닌 직접 경쟁사 대비 시장 점유율 활용
- 지역 시장 특성과 중소기업 경쟁 환경에 맞게 평가 기준 조정

4.2 활용 범위 및 효과
4.2.1 제품 포트폴리오 최적화
- 제품 라인 합리화: 수익성 낮은 제품 식별 및 정리
- 핵심 제품 강화: 주력 제품에 자원 집중 투입
- 신제품 개발 방향: 기존 제품과의 시너지 고려한 신제품 개발

4.2.2 사업 다각화 전략
- 다각화 방향 설정: 기존 역량 활용 가능한 관련 다각화 기회 평가
- 신규 사업 진입 판단: 성장 시장 내 경쟁력 확보 가능성 평가
- 사업 포트폴리오 균형: 안정적 수익원과 성장 동력의 균형 유지

4.2.3 마케팅 자원 배분
- 마케팅 예산 할당: 제품별 마케팅 예산 우선순위 설정

- 프로모션 전략: 제품 위치에 따른 차별화된 프로모션 전략
- 브랜드 포지셔닝: 제품별 적합한 브랜드 전략 수립

4.2.4 투자 및 자금 계획
- 설비 투자 우선순위: 생산 설비 및 기술 투자 방향 결정
- 연구개발 자원 배분: R&D 자원의 효과적 배분
- 자금 조달 계획: 성장 사업 투자를 위한 자금 조달 전략

4.2.5 영업/판매 전략
- 영업 리소스 배분: 영업 인력 및 자원의 제품별 배분 최적화
- 고객 세그먼트 집중: 핵심 고객 그룹 식별 및 집중
- 채널 전략: 제품별 최적 유통 채널 선택

BEP(손익분기점) 분석

1. 개념
손익분기점(Break-Even Point, BEP) 분석은 기업의 총수익과 총비용이 일치하는 지점, 즉 이익도 손실도 발생하지 않는 매출액이나 생산량을 파악하는 재무 분석 도구이다. 이 분석은 비용 구조를 고정비와 변동비로 구분하여, 생산/판매 수준에 따른 손익 상황을 이해하고 의사결정에 활용한다. 손익분기점은 기업이 생존하기 위해 최소한 달성해야 하는 매출 수준을 명확히 보여주는 중요한 경영 지표이다. 핵심 구성 요소는 다음과 같다.

1.1 고정비(Fixed Cost)
- 생산량이나 매출액에 관계없이 일정하게 발생하는 비용
- 예: 임대료, 보험료, 감가상각비, 기본 인건비, 관리비 등

1.2 변동비(Variable Cost)
- 생산량이나 매출액에 비례하여 변동하는 비용
- 예: 원자재비, 부품비, 판매수수료, 생산직 노무비 등

1.3 공헌이익(Contribution Margin)
- 매출액에서 변동비를 뺀 금액
- 고정비와 이익 충당에 기여하는 부분

1.4 손익분기점(Break-Even Point)
- 단위: 매출액 또는 판매/생산 수량
- 산출 방법(수량 기준): 고정비 ÷ (단위당 판매가격 - 단위당 변동비)
- 산출 방법(금액 기준): 고정비 ÷ 공헌이익률(공헌이익 ÷ 매출액)

2. 목적
- 생존 기준 파악: 최소한 달성해야 할 매출/생산 목표 설정
- 수익성 예측: 다양한 판매 수준에서의 이익/손실 예측
- 가격 결정 지원: 적정 가격 설정을 위한 기초 자료 제공
- 원가 관리: 원가 구조 파악 및 비용 절감 기회 발견

- 민감도 분석: 가격, 비용, 생산량 변화의 영향 평가
- 의사결정 지원: 신제품 출시, 설비 투자, 마케팅 예산 등 결정 시 활용
- 안전마진 설정: 손익분기점 이상의 안전한 영업 수준 결정

3. 손익분기점 분석 사용 방법
3.1 데이터 수집 및 준비 단계
3.1.1 비용 자료 수집
- 과거 회계 자료, 재무제표 검토
- 비용 항목 분류 및 정리

3.1.2 비용 분류
- 고정비와 변동비 구분
- 혼합비용(Semi-variable Cost) 분해
- 고정 부분과 변동 부분 구분
- 회귀분석, 최고-최저점 방법 등 활용

3.1.3 판매 자료 수집
- 제품/서비스별 판매가격
- 판매량/매출액 데이터

3.2 손익분기점 계산 단계
3.2.1 공헌이익 계산
- 단위당 공헌이익 = 단위당 판매가격 - 단위당 변동비
- 공헌이익률 = 공헌이익 ÷ 매출액

3.2.2 손익분기점 산출
- 수량 기준: BEP(수량) = 총고정비 ÷ 단위당 공헌이익
- 금액 기준: BEP(금액) = 총고정비 ÷ 공헌이익률

3.2.3 안전마진 계산
- 안전마진(금액) = 예상매출액 - 손익분기점 매출액
- 안전마진율 = 안전마진 ÷ 예상매출액 × 100%

3.3 분석 및 시각화 단계

3.3.1 손익분기도표(CVP Chart) 작성
- X축: 생산/판매량
- Y축: 비용/수익
- 표시 요소: 총비용선, 총수익선, 고정비선, 손익분기점

3.3.2 손익분기점 그래프 해석
- 손익분기점 이하: 손실 구간
- 손익분기점 이상: 이익 구간
- 기울기 분석: 이익 증가 속도

3.3.3 시나리오 분석
- 가격 변동 시나리오
- 원가 구조 변동 시나리오
- 생산/판매량 변동 시나리오

3.4 의사결정 및 전략 수립 단계
3.4.1 목표 설정
- 목표 이익 달성을 위한 필요 매출/생산량 계산
- 목표 판매량 = (고정비 + 목표이익) ÷ 단위당 공헌이익

3.4.2 원가 관리 전략
- 고정비 절감 방안
- 변동비 효율화 방안
- 공헌이익 개선 방안

3.4.3 가격 전략
- 최적 가격 결정
- 할인 정책 설계
- 가격 차별화 전략

3.4.4 판매/마케팅 전략
- 안전마진을 고려한 판매 목표 설정
- 제품 믹스 최적화
- 판촉 활동 우선순위 결정

4. 중소기업 CoachSulting에서의 BEP 분석 활용

4.1 중소기업 맞춤형 접근법

4.1.1 간소화된 분석 방법
- 복잡한 원가회계시스템 없이도 적용 가능한 단순화된 모델
- 주요 제품/서비스 중심의 집중 분석
- 핵심 비용 항목만 포함한 실용적 접근

4.1.2 재무 현실 반영
- 중소기업의 제한된 자본력과 현금흐름 상황 고려
- 단기 생존과 장기 성장 균형을 위한 BEP 활용
- 자금 조달 제약을 고려한 안전마진 설정

4.1.3 실행 중심 분석
- 이론적 완벽함보다 실행 가능한 인사이트 제공
- 경영자가 직접 활용할 수 있는 단순 템플릿 개발
- 정기적 모니터링 체계 구축 지원

4.2 활용 범위 및 효과

4.2.1 사업 타당성 및 예산 계획
- 창업 및 신규 사업 진출 시 최소 필요 매출 예측
- 현실적인 매출 목표 및 예산 계획 수립
- 자금 소진율(Burn Rate)과 생존 기간 예측

4.2.2 제품 및 가격 전략
- 제품별 수익성 및 손익분기점 비교 분석
- 최적 제품 믹스 및 판매 우선순위 결정
- 가격 책정 및 할인 정책 결정 지원

4.2.3 비용 구조 최적화
- 고정비 vs. 변동비 균형 점검
- 아웃소싱 vs. 내재화 의사결정
- 비용 절감의 손익분기점 영향 분석

4.2.4 성장 전략 및 투자 의사결정
- 설비 투자, 인력 확충 등 확장 결정 지원

- 고정비 증가에 따른 새로운 BEP 계산
- 투자 회수 기간 및 재무적 영향 예측

4.2.5 리스크 관리 및 비상 계획
- 매출 하락 시나리오별 대응 전략
- 손익분기점 하회 시 비용 구조 조정 계획
- 안전마진을 고려한 위험 신호 설정

BMC(비즈니스 모델 캔버스)

1. 개념
비즈니스 모델 캔버스(Business Model Canvas, BMC)는 알렉산더 오스터왈더 Alexander Osterwalder와 이브 피그누어 Yves Pigneur가 개발한 전략적 관리 도구로, 조직의 비즈니스 모델을 시각적으로 표현하고 분석하는 프레임워크이다. 한 장의 캔버스에 비즈니스의 9가지 핵심 구성요소를 배치하여 전체적인 비즈니스 구조를 한눈에 파악할 수 있게 한다.
BMC는 다음 9가지 핵심 요소로 구성된다.

1.1 고객 세그먼트(Customer Segments)
- 조직이 가치를 제공하는 고객 그룹

1.2 가치 제안(Value Propositions)
- 고객의 문제를 해결하거나 니즈를 충족시키는 제품/서비스

1.3 채널(Channels)
- 가치 제안을 고객에게 전달하는 경로

1.4 고객 관계(Customer Relationships)
- 각 고객 세그먼트와 맺는 관계 유형

1.5 수익원(Revenue Streams)
- 가치 제안을 통해 창출되는 수익 흐름

1.6 핵심 자원(Key Resources)
- 비즈니스 모델 운영에 필요한 중요 자산

1.7 핵심 활동(Key Activities)
- 비즈니스 모델 작동을 위해 수행해야 하는 중요 활동

1.8 핵심 파트너십(Key Partnerships)
- 비즈니스 모델을 최적화하는 공급자/파트너 네트워크

1.9 비용 구조(Cost Structure)
- 비즈니스 모델 운영에 수반되는 모든 비용

2. 목적
- 비즈니스 모델 가시화: 복잡한 비즈니스 모델을 직관적으로 표현
- 통합적 시각 제공: 비즈니스의 모든 핵심 요소와 그 관계를 종합적으로 파악
- 혁신 촉진: 비즈니스 모델 혁신과 새로운 대안 탐색 지원
- 전략적 대화 촉진: 조직 내 비즈니스 모델에 관한 공통 언어와 이해 제공
- 시나리오 분석: 다양한 비즈니스 모델 시나리오 비교 및 평가
- 변화 관리: 비즈니스 모델 변화의 영향 분석 및 관리

3. 비즈니스 모델 캔버스 활용 방법
3.1 준비 단계
- 참여자 선정: 다양한 부서/기능의 관점을 포함할 수 있는 팀 구성
- 자료 수집: 고객, 시장, 경쟁사, 내부 데이터 등 필요 정보 준비
- 작업 환경 설정: 대형 프린트물 또는 화이트보드에 BMC 템플릿 준비
- 목표 설정: 현재 모델 분석, 새 모델 개발 등 캔버스 작업의 목적 명확화

3.2 현재 비즈니스 모델 매핑 단계
3.2.1 고객 세그먼트 정의
- 누구를 위해 가치를 창출하는가?
- 가장 중요한 고객은 누구인가?
- 고객을 어떻게 분류할 수 있는가?

3.2.2 가치 제안 설정
- 각 고객 세그먼트에 어떤 가치를 제공하는가?
- 어떤 고객 문제를 해결하는가?
- 어떤 고객 니즈를 충족시키는가?

3.2.3 채널 식별
- 고객에게 어떻게 가치를 전달하는가?
- 인지, 평가, 구매, 배송, 사후 서비스 과정은 어떻게 이루어지는가?

3.2.4 고객 관계 정의
- 각 고객 세그먼트와 어떤 관계를 구축하는가?

- 셀프서비스, 개인 지원, 커뮤니티 등 관계 유형은?

3.2.5 수익원 파악
- 고객이 어떤 가치에 대해 비용을 지불하는가?
- 수익 모델은 무엇인가? (판매, 구독, 라이센싱, 광고 등)
- 가격 책정 메커니즘은?

3.2.6 핵심 자원 식별
- 가치 제안을 위해 필요한 중요 자산은?
- 물리적, 지적, 인적, 재무적 자원 등

3.2.7 핵심 활동 정의
- 비즈니스 모델 작동을 위해 반드시 수행해야 하는 활동은?
- 생산, 문제 해결, 플랫폼/네트워크 관리 등

3.2.8 핵심 파트너십 식별
- 핵심 파트너는 누구인가?
- 어떤 핵심 자원을 파트너로부터 획득하는가?
- 파트너가 수행하는 핵심 활동은?

3.2.9 비용 구조 설정
- 가장 중요한 비용 요소는?
- 가장 비용이 많이 드는 핵심 자원/활동은?
- 비용 구조의 특성은? (비용 주도형 vs 가치 주도형)

3.3 비즈니스 모델 분석 및 개선 단계
- 일관성 검토: 9개 요소 간 논리적 일관성과 연계성 확인
- 강점/약점 평가: 현재 모델의 강점과 개선 필요 영역 식별
- 외부 환경 분석: 시장 트렌드, 경쟁사, 규제 등 외부 요인 영향 평가
- 혁신 기회 탐색: 비즈니스 모델 개선 또는 혁신 기회 도출

3.4 대안 모델 개발 및 실험 단계
- 시나리오 개발: 다양한 비즈니스 모델 시나리오 작성
- 가정 검증: 각 모델의 핵심 가정 식별 및 검증 방법 설계
- 프로토타입 테스트: 소규모 실험을 통한 새 모델 요소 테스트
- 반복적 개선: 피드백을 통한 지속적 비즈니스 모델 정제

4. 중소기업 CoachSulting에서의 BMC 활용

4.1 중소기업 맞춤형 접근법

4.1.1 간소화된 프로세스
- 반나절~1일 워크숍 형식의 효율적 진행
- 핵심 이해관계자 중심의 집중 참여
- 현실적 데이터와 경험에 기반한 빠른 분석

4.1.2 현실 중심 접근
- 이론적 완벽함보다 실행 가능성 중시
- 즉시 적용 가능한 개선점 우선 도출
- 제한된 자원 내에서 실현 가능한 모델 설계

4.1.3 단계적 혁신
- 급진적 변화보다 점진적 개선 접근
- 리스크 관리를 고려한 변화 속도 조절
- 성공 경험 축적을 통한 자신감 구축

4.2 활용 범위 및 효과

4.2.1 사업 모델 진단 및 최적화
- 비즈니스 모델 명확화: 암묵적 사업 모델의 명시적 정리
- 불일치 영역 발견: 비즈니스 모델 요소 간 불일치 또는 비효율 식별
- 최적화 기회: 현재 모델 내 개선 가능 영역 발견

4.2.2 신규 사업 기획
- 아이디어 구체화: 사업 아이디어의 체계적 구조화
- 타당성 검토: 새로운 사업 모델의 논리적 완결성 평가
- 리소스 계획: 필요 자원 및 활동의 명확한 식별

4.2.3 성장 전략 수립
- 확장 방향 설정: 사업 확장 또는 다각화의 논리적 방향 도출
- 시장 진입 전략: 새로운 시장/세그먼트 진입 모델 설계
- 수익성 개선: 수익원 다변화 및 비용 구조 최적화 방안

4.2.4 디지털 전환 지원
- 디지털 채널 통합: 온라인/오프라인 채널 전략 최적화

- 디지털 가치 제안: 디지털 기술 기반 신규 가치 제안 개발
- 플랫폼 비즈니스 설계: 디지털 플랫폼 기반 사업 모델 구축

4.2.5 위기 대응 및 회복

- 회복력 평가: 비즈니스 모델의 위기 대응 능력 진단
- 적응 전략: 급변하는 환경에 맞춘 비즈니스 모델 적응 방안
- 재구성 기회: 위기를 기회로 전환할 모델 재구성 방향

BSC(블루오션 전략 캔버스)

1. 개념
블루오션 전략 캔버스(Blue Ocean Strategy Canvas)는 W. 찬 킴 W. Chan Kim과 르네 모보른 Renée Mauborgne이 '블루오션 전략(Blue Ocean Strategy)' 서적에서 소개한 전략적 분석 및 시각화 도구이다. 이 도구는 기존 시장의 경쟁 구도를 분석하고, 차별화된 가치 제안을 통해 새로운 시장 공간(블루오션)을 창출하는 데 활용된다. 레드오션(치열한 경쟁 시장)에서 벗어나 블루오션(경쟁이 없는 새로운 시장)을 개척하기 위한 전략적 사고를 촉진한다.
전략 캔버스는 X축과 Y축으로 구성된 그래프이다.

- X축(가로축): 산업에서 경쟁이 이루어지는 핵심 요소들(경쟁 요소)
- Y축(세로축): 각 경쟁 요소에 대한 기업의 제공 수준(투자 또는 중점 정도)

이 캔버스 위에 자사와 경쟁사의 가치 곡선을 그려 비교함으로써 현재 시장의 경쟁 구도와 차별화 가능성을 시각적으로 분석한다.

2. 목적
- 시장 현황 시각화: 현재 산업의 경쟁 구도를 직관적으로 파악
- 차별화 요소 발견: 기존 경쟁사와 차별화될 수 있는 요소 식별
- 가치 혁신 촉진: 비용 절감과 가치 향상을 동시에 추구하는 혁신 방향 도출
- 전략적 재설계: 기존 경쟁 규칙을 뛰어넘는 새로운 전략 개발
- 자원 배분 최적화: 어떤 요소에 투자하고 어떤 요소를 줄일지 결정
- 차별화된 포지셔닝: 경쟁사와 명확히 구별되는 전략적 위치 확보

3. 블루오션 전략 캔버스 활용 방법
3.1 준비 및 현황 분석 단계

- 경쟁 요소 식별: 산업에서 기업들이 경쟁하는 주요 요소 목록화(예: 가격, 품질, 서비스, 기능, 접근성, 디자인 등)
- 경쟁사 분석: 주요 경쟁사들의 각 요소별 제공 수준 평가
- 자사 현황 평가: 자사의 각 요소별 현재 제공 수준 평가
- 고객 가치 분석: 고객이 실제로 중요시하는 가치 요소 조사

3.2 전략 캔버스 작성 단계
- X축 설정: 식별된 경쟁 요소들을 X축에 배치
- Y축 척도 정의: 각 요소에 대한 투자/제공 수준을 측정할 척도 설정(보통 '낮음-높음')
- 경쟁사 가치 곡선 그리기: 주요 경쟁사들의 각 요소별 수준을 연결한 곡선 작성
- 자사 현재 가치 곡선 그리기: 자사의 현재 각 요소별 수준을 연결한 곡선 작성

3.3 가치 혁신 전략 개발 단계
- 블루오션 전략은 다음 '4가지 액션 프레임워크'를 통해 가치 곡선을 재설계한다.
- 제거(Eliminate): 산업에서 당연시되어 온 요소 중 제거할 것은?
- 감소(Reduce): 산업 표준보다 훨씬 낮출 요소는?
- 증가(Raise): 산업 표준보다 높일 요소는?
- 창조(Create): 산업에 새롭게 제시할 요소는?

이 4가지 액션을 통해 기존 시장과 차별화된 새로운 가치 곡선을 개발한다.

3.4 새로운 가치 곡선 검증 단계
- 개발된 새 가치 곡선이 다음 세 가지 기준을 충족하는지 검증한다.
- 초점(Focus): 특정 요소에 전략적 초점이 맞춰져 있는가?
- 차별화(Divergence): 기존 경쟁사들과 확실히 다른 가치 곡선인가?
- compelling 태그라인(Tag-line): 명확하고 설득력 있는 메시지로 표현 가능한가?

3.5 실행 전략 수립 단계
- 내부 장애물 극복 계획: 조직 내 저항과 장애물 극복 방안
- 실행 로드맵 개발: 새로운 가치 곡선 구현을 위한 단계적 계획

- 자원 배분 계획: 강화/창조할 요소에 대한 자원 투입 계획
- 커뮤니케이션 전략: 새로운 가치 제안을 시장에 효과적으로 전달할 방안

4. 중소기업 CoachSulting에서의 블루오션 전략 캔버스 활용
4.1 중소기업 맞춤형 접근법
4.1.1 틈새 중심 분석
- 대기업이 간과하는 고객 세그먼트나 니즈에 초점
- 지역적 특성이나 특수 고객층에 맞춘 틈새시장 식별
- 자원 제약을 고려한 집중적 차별화 영역 선택

4.1.2 실행 가능성 중심
- 중소기업의 자원과 역량 범위 내에서 실현 가능한 전략 개발
- 단계적 접근으로 점진적 가치 혁신 추구
- 적은 투자로 큰 차별화 효과를 낼 수 있는 요소 우선 고려

4.1.3 유연한 적용
- 표준화된 방법론을 넘어 기업 상황에 맞게 조정
- 직관과 현장 경험을 데이터와 결합한 균형적 접근
- 빠른 실험과 학습을 통한 반복적 전략 개발

4.2 활용 범위 및 효과
4.2.1 시장 차별화 전략
- 차별화 포인트 발견: 대기업과 다른 독특한 가치 제안 개발
- 틈새시장 식별: 기존 기업들이 간과한 시장 공간 발견
- 포지셔닝 최적화: 제한된 자원으로 최대 효과를 낼 수 있는 시장 위치 선정

4.2.2 제품/서비스 혁신
- 가치 혁신 기회: 비용 절감과 가치 향상을 동시에 달성할 수 있는 영역 발견
- 제품 재설계: 고객이 실제로 중요시하는 요소 중심 제품 개발
- 불필요한 기능 제거: 과잉 투자되거나 고객 가치가 낮은 영역 식별

4.2.3 마케팅 및 영업 전략

- 명확한 가치 제안: 차별화된 가치 제안을 명확히 전달하는 메시지 개발
- 마케팅 자원 최적화: 중점 가치 요소에 마케팅 자원 집중
- 고객 커뮤니케이션: 기존 대안과의 차별점을 효과적으로 전달하는 방법

4.2.4 사업 확장 및 다각화
- 신규 사업 기회: 기존 역량을 활용한 블루오션 사업 영역 발굴
- 확장 방향 설정: 현 사업의 강점을 살릴 수 있는 새로운 시장 탐색
- 사업 포트폴리오 최적화: 각 사업 영역별 차별화 전략 개발

4.2.5 전략적 제휴 및 협력
- 상호보완적 파트너 식별: 가치 곡선 상 부족한 요소를 보완할 파트너 탐색
- 협력 모델 개발: 차별화된 가치 제안을 위한 협력 구조 설계
- 공동 가치 창출: 파트너십을 통한 새로운 가치 요소 개발

BSC(균형성과표)

1. 개념
균형성과표(Balanced Scorecard, BSC)는 로버트 캐플런 Robert Kaplan과 데이비드 노턴 David Norton이 1992년에 개발한 전략 성과 관리 프레임워크로, 조직의 비전과 전략을 구체적인 목표와 측정 지표로 변환하여 균형 있는 성과 관리를 가능하게 하는 도구이다. BSC는 재무적 성과에만 초점을 맞추던 기존 관리 방식의 한계를 극복하고, 재무, 고객, 내부 프로세스, 학습 및 성장이라는 네 가지 관점에서 조직 성과를 균형 있게 관리함으로써 지속가능한 가치 창출을 추구한다.
BSC는 다음 네 가지 관점에서 조직 성과를 측정하고 관리한다.

1.1 재무 관점(Financial Perspective)
- 주주와 투자자 관점에서의 성과
- 수익성, 성장, 주주 가치 관련 지표

1.2 고객 관점(Customer Perspective)
- 고객이 바라보는 조직의 가치
- 고객 만족도, 시장 점유율, 고객 확보/유지 관련 지표

1.3 내부 프로세스 관점(Internal Process Perspective)
- 조직 내부 운영의 효율성과 효과성
- 프로세스 효율성, 품질, 시간 관련 지표

1.4 학습 및 성장 관점(Learning & Growth Perspective)
- 조직의 지속적 개선과 가치 창출 능력
- 인적 자원, 정보 시스템, 조직 문화 관련 지표

2. 목적
- 전략 실행 강화: 조직의 비전과 전략을 구체적 목표와 행동으로 변환
- 전사적 정렬: 조직 모든 수준에서 전략적 목표와 일상 활동의 연계 강화
- 균형적 성과 관리: 단기/장기, 재무/비재무, 내부/외부 관점 균형 유지

- 전략적 학습 촉진: 성과 측정과 피드백을 통한 지속적 학습과 개선
- 의사소통 도구: 조직 전체에 전략을 명확히 전달하고 공감대 형성
- 자원 배분 최적화: 전략적 우선순위에 따른 효과적인 자원 배분

3. BSC 구축 및 활용 프로세스
3.1 전략 명확화 단계
- 비전 및 미션 검토: 조직의 궁극적 지향점 확인
- 전략 목표 설정: 각 관점별 핵심 전략 목표 정의
- 전략 맵 개발: 목표 간 인과관계를 시각화한 전략 맵 작성
- 이해관계자 합의: 경영진과 핵심 이해관계자의 전략적 합의 도출

3.2 성과 지표 개발 단계
- 핵심성과지표(KPI) 선정: 각 전략 목표 달성을 측정할 지표 선정
- 지표 정의서 작성: 각 지표의 정의, 측정 방법, 데이터 소스 등 명확화
- 목표치 설정: 각 지표별 달성해야 할 구체적 목표치 설정
- 균형 검토: 선행/후행, 정량/정성, 단기/장기 지표 간 균형 확인

3.3 전략적 이니셔티브 개발 단계
- 이니셔티브 식별: 전략 목표 달성을 위한 주요 프로젝트/이니셔티브 선정
- 자원 할당: 이니셔티브 실행에 필요한 예산, 인력, 시간 할당
- 책임 할당: 각 목표와 이니셔티브의 책임자 지정
- 우선순위 설정: 이니셔티브 간 우선순위 결정

3.4 조직 연계 및 전파 단계
- 부서/팀 BSC 개발: 조직 BSC를 부서/팀 레벨로 연계 및 구체화
- 개인 목표 연계: 개인 성과 목표와 BSC 연계
- 커뮤니케이션 계획: BSC 내용과 의미의 조직 내 효과적 전파
- 성과 관리 연계: 보상 및 인센티브 시스템과 BSC 연계

3.5 모니터링 및 학습 단계
- 정기적 성과 검토: 설정된 지표에 대한 주기적 성과 측정
- 전략적 학습: 성과 결과에 대한 분석 및 전략적 시사점 도출
- 개선 및 조정: 결과에 따른 전략, 목표, 이니셔티브 조정
- 지속적 업데이트: 환경 변화에 따른 BSC 요소 지속적 개선

4. 중소기업 CoachSulting에서의 BSC 활용

4.1 중소기업 맞춤형 접근법

4.1.1 간소화된 BSC
- 핵심적인 소수의 목표와 지표에 집중(각 관점별 3-5개 지표)
- 데이터 수집 부담을 최소화한 실용적 지표 선정
- 직관적이고 이해하기 쉬운 형태로 구성

4.1.2 실행 중심 설계
- 이론적 완벽함보다 실행 가능성 중시
- 기존 보고 체계와 통합하여 추가 업무 부담 최소화
- 단계적 도입을 통한 조직 적응 시간 확보

4.1.3 경영자 중심 접근
- 경영자의 비전과 가치 반영
- 소유주/경영자가 직접 참여하는 개발 프로세스
- 핵심 관리자 중심의 집중적 전파

4.2 활용 범위 및 효과

4.2.1 경영 전략 체계화
- 비전 및 전략 명확화: 중소기업 경영자의 비전과 전략 체계화
- 전략적 우선순위 설정: 제한된 자원을 효과적으로 배분할 기준 제공
- 장기적 관점 강화: 일상 운영에 매몰되지 않고 장기적 성장 관점 유지

4.2.2 성과 측정 체계 구축
- 균형적 성과 측정: 재무 외 다양한 영역의 성과 균형적 관리
- 핵심 지표 모니터링: 비즈니스 성공에 중요한 선행 지표 관리
- 데이터 기반 의사결정: 주관적 판단에서 객관적 데이터 중심 의사결정으로 전환

4.2.3 조직 역량 강화
- 인적 자원 개발: 비즈니스 성과에 필요한 핵심 역량 개발
- 학습 조직 구축: 성과 측정과 피드백을 통한 지속적 학습 체계 구축
- 변화 관리 지원: 전략적 변화 관리 및 조직 발전의 프레임워크 제공

4.2.4 성장 관리

- 체계적 성장 관리: 급성장 과정의 체계적 관리 프레임워크 제공
- 리스크 균형: 급성장 과정의 균형적 리스크 관리
- 지속가능한 확장: 내부 프로세스와 역량을 고려한 지속가능한 확장

CAPA(시정조치 및 예방조치) 시스템

1. 개념
시정조치 및 예방조치(Corrective Action and Preventive Action, CAPA) 시스템은 조직에서 발생한 문제나 부적합 사항을 체계적으로 식별하고, 그 근본 원인을 분석하여 재발 방지(시정조치)와 잠재적 문제의 사전 예방(예방조치)을 위한 구조화된 프로세스이다. CAPA는 품질 관리 시스템의 핵심 요소로, ISO 9001, FDA 규정, GMP(Good Manufacturing Practice) 등 다양한 품질 표준과 규제에서 필수적으로 요구되는 관리 도구이다. 이 시스템은 단순히 문제를 해결하는 데 그치지 않고, 지속적 개선과 학습 조직 구축을 위한 체계적인 프레임워크를 제공한다. 특히 반복적 문제로 인한 비용과 시간 낭비를 줄이고, 조직의 문제 해결 역량을 체계적으로 강화하는 데 크게 기여한다. CAPA 시스템의 주요 구성요소는 다음과 같다.

- 시정조치(Corrective Action): 이미 발생한 부적합이나 문제의 원인을 제거하여 재발을 방지하는 활동
- 예방조치(Preventive Action): 잠재적 부적합이나 문제의 원인을 사전에 제거하여 발생을 예방하는 활동
- 근본 원인 분석(Root Cause Analysis): 표면적 증상이 아닌 문제의 근본적인 원인을 체계적으로 분석하는 과정
- 효과성 검증(Effectiveness Verification): 실행된 조치가 의도한 결과를 달성했는지 검증하는 과정
- 문서화 및 추적(Documentation & Tracking): CAPA 프로세스 전반의 체계적인 기록과 진행 상황 추적

2. 목적
- 품질 향상: 제품, 서비스, 프로세스의 지속적인 품질 개선
- 문제 재발 방지: 식별된 문제의 근본 원인 제거를 통한 재발 방지
- 예방적 접근: 잠재적 문제의 사전 식별 및 예방

- 규제 준수: 품질 관리 관련 규제 및 표준 요구사항 충족
- 리스크 감소: 비즈니스 및 운영 리스크의 체계적 관리
- 지속적 개선: 조직의 프로세스와 시스템의 지속적인 개선 촉진
- 지식 관리: 문제 해결 경험과 지식의 조직적 축적 및 활용

3. CAPA 시스템 구축 및 활용 방법

3.1 CAPA 프로세스 단계

3.1.1 식별 및 보고 단계
- 부적합/문제 식별: 내부 감사, 고객 불만, 프로세스 모니터링, 외부 감사 등을 통한 문제 식별
- 심각성 평가: 문제의 영향도, 범위, 리스크 수준 평가
- CAPA 요청 생성: 식별된 문제에 대한 공식 CAPA 요청서 작성
- 초기 억제 조치: 필요시 즉각적인 문제 확산 방지를 위한 임시 조치 실행

3.1.2 근본 원인 분석 단계
- 사실 수집: 문제와 관련된 데이터 및 정보 수집
- 분석 도구 활용: 5-Why, 특성요인도(Fishbone), 파레토 분석 등 도구 활용
- 근본 원인 식별: 표면적 증상이 아닌 근본적인 원인 파악
- 원인 검증: 식별된 원인이 실제 문제를 유발했는지 검증

3.1.3 조치 계획 및 실행 단계
- 시정조치 계획: 식별된 근본 원인을 제거하기 위한 구체적 조치 계획 수립
- 예방조치 계획: 유사 문제 발생 예방을 위한 확장 대책 수립
- 책임자 및 일정 할당: 각 조치별 담당자와 완료 일정 설정
- 계획 승인 및 실행: 계획에 대한 승인 확보 및 체계적 실행

3.1.4 효과성 검증 및 종료 단계
- 검증 기준 설정: 조치 효과 측정을 위한 객관적 기준 설정
- 검증 활동 수행: 조치 실행 후 효과성 검증을 위한 평가 활동
- 조치 효과 평가: 설정된 기준에 따른 조치 효과 평가
- 필요시 추가 조치: 효과가 불충분할 경우 추가 조치 계획 수립

- CAPA 종료 및 문서화: 효과 확인 후 CAPA 종료 및 최종 문서화

3.2 CAPA 시스템 구축 요소
3.2.1 CAPA 정책 및 절차
- 정책 수립: CAPA 시스템의 목적, 범위, 원칙 정의
- 표준 절차 개발: 단계별 세부 프로세스 및 지침 개발
- 역할 및 책임 정의: CAPA 프로세스 참여자별 책임과 권한 명확화
- 기준 및 척도 설정: CAPA 시작, 우선순위 설정, 효과성 평가 기준 정의

3.2.2 문서화 및 추적 시스템
- CAPA 양식 개발: 표준화된 요청서, 분석서, 계획서, 보고서 양식
- 추적 시스템 구축: CAPA 진행 상황 모니터링 및 추적 체계
- 문서 관리 체계: CAPA 관련 문서의 생성, 검토, 승인, 보관 체계
- 데이터 분석 도구: CAPA 데이터 분석 및 트렌드 파악을 위한 도구

3.2.3 교육 및 문화 구축
- CAPA 교육 프로그램: 전 직원 대상 CAPA 인식 및 활용 교육
- 근본 원인 분석 역량 개발: 분석 도구 및 기법 활용 역량 강화
- 문제 해결 문화 조성: 비난이 아닌 개선 중심의 조직 문화 구축
- 경영진 참여 및 지원: 경영진의 적극적 지원과 참여 확보

4. 중소기업 CoachSulting에서의 CAPA 시스템 활용
4.1 중소기업 맞춤형 접근법
4.1.1 실용적 간소화
- 복잡한 프로세스보다 핵심 요소 중심의 간소화된 CAPA 시스템 설계
- 중소기업 실정에 맞는 문서 양식과 절차 개발
- 기존 업무 프로세스와 통합된 효율적 CAPA 체계 구축

4.1.2 단계적 도입
- 전사적 도입보다 핵심 영역부터 시작하는 점진적 접근
- 성공 경험 축적을 통한 조직 수용성 제고
- 역량과 자원 수준에 맞춘 단계적 고도화

4.1.3 자원 제약 고려

- 전담 조직 없이도 운영 가능한 체계 설계
- 기존 직원의 역량 활용을 극대화하는 접근
- 비용 효율적인 도구 및 방법론 적용

4.2 활용 범위 및 효과
4.2.1 품질 관리 및 개선
- 제품 불량 관리: 반복적 제품 결함의 근본 원인 분석 및 제거
- 공정 안정화: 제조/서비스 공정의 변동성 및 불안정성 해소
- 품질 시스템 강화: ISO 9001 등 품질 관리 시스템 요구사항 충족
- 고객 불만 대응: 고객 불만 처리 프로세스의 체계화 및 재발 방지

4.2.2 운영 효율성 향상
- 프로세스 최적화: 비효율적 업무 프로세스 개선 및 낭비 요소 제거
- 반복적 문제 해결: 동일한 운영 문제의 재발 방지를 통한 안정성 확보
- 비용 절감: 품질 비용(불량, 재작업, 반품, 클레임 등) 감소
- 생산성 향상: 장비 고장, 작업 지연 등 생산성 저해 요인 체계적 제거

4.2.3 리스크 관리 강화
- 규제 준수 확보: 산업별 규제 요구사항 위반 리스크 관리
- 안전 관리: 작업장 안전 사고 예방 및 재발 방지
- 공급망 리스크: 공급업체 관련 품질/납기 문제의 체계적 관리
- 환경 영향 최소화: 환경 관련 사고 및 영향 관리

4.2.4 지속가능한 성장 기반 구축
- 지식 관리 체계: 문제 해결 경험과 지식의 축적 및 활용 체계 구축
- 학습 조직 문화: 실패로부터 학습하는 조직 문화 조성
- 의사결정 개선: 데이터 기반의 객관적 의사결정 프로세스 강화
- 역량 개발: 직원들의 문제 해결 및 분석 역량 향상

4.2.5 경영 시스템 고도화
- 경영 검토 체계: 주요 문제와 개선 활동의 체계적 경영 검토 시스템 구축
- 성과 측정 강화: 핵심 프로세스 및 시스템의 성과 측정 체계 개선
- 지속적 개선 문화: 전사적 개선 활동의 체계화 및 문화 조성
- 인증 및 평가 대응: 외부 인증, 고객 평가, 감사 등에 효과적 대응

Change Readiness(변화 준비도) 평가

1. 개념
변화 준비도 평가(Change Readiness Assessment)는 조직과 구성원이 다가오는 변화를 성공적으로 수용하고 실행할 준비가 얼마나 되어있는지 체계적으로 진단하는 전략적 도구이다. 이 평가는 조직의 문화, 리더십, 역량, 시스템, 구조 등 다양한 차원에서 변화에 영향을 미치는 촉진 요인과 저항 요인을 종합적으로 분석한다. 변화 관리 프로세스의 초기 단계에서 수행되어 변화 전략 수립과 실행 계획의 기초 자료로 활용된다.

2. 목적
- 변화 성공 가능성 예측: 조직의 변화 성공 가능성을 사전에 평가하여 리스크 관리
- 변화 장애물 식별: 변화 실행을 방해할 수 있는 구조적, 문화적, 개인적 장벽 발견
- 맞춤형 변화 전략 수립: 조직 특성에 맞는 효과적인 변화 관리 접근법 설계
- 자원 배분 최적화: 변화 과정에서 필요한 자원의 효율적 배분 계획 수립
- 이해관계자 참여 확대: 변화에 대한 구성원의 이해와 참여 촉진
- 변화 저항 최소화: 변화에 대한 저항 요인을 사전에 파악하고 대응 방안 마련
- 변화 커뮤니케이션 강화: 대상별 맞춤형 변화 커뮤니케이션 전략 개발
- 변화 성과 측정 기준 설정: 변화 진행 상황과 성과를 측정할 기준점 확립

3. 변화 준비도 평가 방법
3.1 평가 설계 및 준비 단계
- 평가 목적 명확화: 구체적인 평가 목적과 범위 설정
- 평가 모델 선정: 조직 상황에 적합한 변화 준비도 평가 모델 및 프레임워크 선택

- 평가 영역 정의: 리더십, 문화, 역량, 시스템, 구조 등 핵심 평가 영역 결정
- 평가 도구 개발: 설문, 인터뷰, 워크숍 등 데이터 수집 도구 개발
- 이해관계자 매핑: 변화 과정의 주요 이해관계자 식별 및 영향력 분석

3.2 데이터 수집 단계
- 정량적 데이터 수집: 구조화된 설문조사를 통한 변화 준비도 측정
- 정성적 데이터 수집: 인터뷰, 포커스 그룹, 워크숍을 통한 심층 정보 수집
- 문서 및 시스템 검토: 기존 정책, 프로세스, 시스템의 변화 적합성 평가
- 과거 변화 경험 분석: 이전 변화 이니셔티브의 성공과 실패 요인 검토
- 조직 환경 진단: 조직 문화, 리더십 스타일, 업무 환경 등 컨텍스트 파악

3.3 분석 및 진단 단계
- 준비도 수준 평가: 수집된 데이터를 바탕으로 각 영역별 준비도 수준 측정
- 강점 및 취약점 분석: 변화 지원 요인과 저항 요인 식별
- 격차 분석: 현재 준비도와 성공적 변화 실행에 필요한 수준 간의 격차 분석
- 위험 요소 평가: 변화 성공을 위협할 수 있는 주요 위험 요소 도출
- 상관관계 분석: 다양한 준비도 요소 간의 상호 연관성 파악

3.4 결과 해석 및 전략 수립 단계
- 종합 진단 보고서 작성: 평가 결과를 종합한 변화 준비도 진단 보고서 작성
- 우선순위 설정: 가장 중요하고 시급한 개선 영역 도출
- 맞춤형 전략 개발: 진단 결과에 기반한 변화 관리 전략 수립
- 액션 플랜 개발: 준비도 향상을 위한 구체적인 실행 계획 수립
- 커뮤니케이션 전략: 주요 발견사항과 대응 방안에 대한 커뮤니케이션 계획 수립

3.5 실행 및 모니터링 단계
- 준비도 개선 활동 실행: 식별된 격차 해소를 위한 개선 활동 전개
- 진행 상황 모니터링: 준비도 개선 활동의 진행 상황과 효과 추적
- 적응적 접근: 새로운 정보와 피드백에 따른 전략 및 실행 계획 조정

- 성과 평가: 변화 준비도 개선 활동의 성과 측정 및 평가
- 지속적 재평가: 변화 과정에서 주기적인 준비도 재평가 실시

4. 중소기업 CoachSulting에서의 활용
4.1 중소기업 맞춤형 접근법
4.1.1 간소화된 평가 프로세스
- 핵심 영역에 집중한 간결한 평가 도구 개발
- 현장 중심의 실용적 데이터 수집 방법 활용
- 빠른 결과 도출과 즉각적인 실행 방안 제시

4.1.2 경영진 중심 변화 설계
- 경영자/창업자의 변화 의지와 리더십 중심 접근
- 핵심 관리자의 변화 주도 역할 강화
- 경영진과 직원 간 효과적 소통 채널 구축

4.1.3 자원 제약 고려
- 제한된 자원으로 최대 효과를 낼 수 있는 변화 활동 우선화
- 외부 전문성과 내부 역량의 효율적 조합
- 단계적 접근을 통한 변화 부담 분산

4.2 활용 범위 및 효과
4.2.1 조직 구조 및 프로세스 변화
- 조직 재설계: 성장에 따른 조직 구조 개편 준비도 평가
- 업무 프로세스 개선: 프로세스 변화에 대한 저항 요인 식별 및 대응
- 권한 위임: 창업자 중심 의사결정에서 분산형 구조로의 전환 준비도 진단

4.2.2 디지털 전환 및 기술 도입
- 디지털 역량 평가: 신기술 도입에 필요한 조직 역량과 준비도 진단
- 변화 저항 요인 파악: 기술 변화에 대한 심리적, 기술적 저항 요인 식별
- 디지털 문화 조성: 디지털 사고방식과 문화 형성을 위한 준비 요소 평가

4.2.3 성장 전략 및 시장 확장
- 성장 역량 진단: 급속 성장 관리에 필요한 조직 준비도 평가
- 신시장 진출 준비: 새로운 시장, 고객층 대응을 위한 조직 적응력 진단

- 제품/서비스 다각화: 사업 영역 확장에 따른 조직 준비 상태 점검

4.2.4 인수합병 및 파트너십
- 통합 준비도: 인수합병 후 조직 통합에 대한 준비 상태 평가
- 문화적 적합성: 서로 다른 조직 문화 간 융합 가능성 진단
- 시너지 실현 장벽: 협력 과정에서 시너지 창출을 방해하는 요소 식별

4.2.5 위기 대응 및 회복력
- 위기 대응 준비도: 급변하는 환경과 위기 상황에 대한 적응력 평가
- 회복력 강화 요소: 조직 회복력을 높이기 위한 핵심 준비 요소 파악
- 비상 계획 실행력: 비상 계획 수립 및 실행에 대한 조직 준비 상태 진단

Chasm 분석

1. 개념

캐즘(Chasm) 분석은 제프리 무어 Geoffrey Moore가 1991년 그의 저서 '캐즘(Crossing the Chasm)'에서 소개한 하이테크 마케팅 모델로, 혁신적인 제품이나 서비스가 초기 시장에서 주류 시장으로 이동할 때 직면하는 특별한 장벽(캐즘, 모델 등)을 분석하고 이를 극복하기 위한 전략을 수립하는 도구이다. 이 모델은 에버렛 로저스 Everett Rogers의 '혁신 확산 이론(Diffusion of Innovations)'을 바탕으로 하되, 초기 채택자(Early Adopters)와 초기 다수층(Early Majority) 사이에 존재하는 심각한 단절(캐즘)에 초점을 맞춘다.

캐즘 모델에서는 기술/제품 수용자를 다음과 같이 분류한다.

- 혁신가(Innovators, 2.5%): 새로운 기술을 가장 먼저 시도하는 모험가들
- 초기 수용자(Early Adopters, 13.5%): 트렌드를 이끄는 비전가들
- 캐즘(Chasm): 초기 시장과 주류 시장 사이의 심각한 단절
- 초기 다수(Early Majority, 34%): 실용주의자들로 검증된 기술 선호
- 후기 다수(Late Majority, 34%): 보수적이며 다수가 사용한 후 채택
- 지각 수용자(Laggards, 16%): 변화를 거부하고 전통적 방식 고수

캐즘은 바로 초기 수용자와 초기 다수 사이에 존재하며, 이는 두 그룹 간의 근본적인 가치관과 구매 동기의 차이에서 비롯된다.

2. 목적

- 시장 진입 장벽 이해: 혁신 제품의 주류 시장 진입을 방해하는 장벽 식별
- 전략적 성장 경로 설계: 캐즘을 성공적으로 건너기 위한 체계적 접근법 개발
- 마케팅 전략 최적화: 각 고객 세그먼트에 맞는 효과적 마케팅 전략 수립
- 리소스 할당 최적화: 제한된 자원을 효과적으로 배분하여 시장 확장
- 실패 위험 감소: 혁신 제품/서비스의 시장 실패 위험 최소화

- 성장 장벽 극복: 기업 성장을 가로막는 구조적 장애물 극복

3. 캐즘 분석 및 활용 방법
3.1 캐즘 진단 단계
- 시장 수용 단계 식별: 제품/서비스가 현재 기술 수용 주기의 어느 단계에 있는지 평가
- 캐즘 특성 분석: 해당 제품/서비스에 대한 캐즘의 폭과 특성 파악
- 고객 세그먼트 분석: 각 고객 세그먼트의 특성, 니즈, 구매 동기 파악
- 현재 제품/서비스 평가: 현재 제공 수준과 각 세그먼트 요구 간의 적합성 평가

3.2 캐즘 극복 전략 수립 단계
캐즘을 성공적으로 건너기 위한 핵심 전략으로 다음 요소들을 고려한다.
3.2.1 전체 제품(Whole Product) 전략
- 핵심 제품(Core Product): 기본적인 제품/서비스
- 기대 제품(Expected Product): 고객이 최소한으로 기대하는 요소
- 확장 제품(Augmented Product): 고객 기대를 뛰어넘는 요소
- 잠재 제품(Potential Product): 미래 발전 가능성

초기 다수층은 '전체 제품'을 요구하므로, 단순 기술이나 기능이 아닌 완전한 솔루션을 제공해야 한다.

3.2.2 틈새시장(Niche) 집중 전략
캐즘을 건너기 위한 가장 효과적인 접근법은 특정 틈새시장에 집중하는 것이다.
- 타겟 고객(Target Customer): 명확히 정의된 타겟 세그먼트 선택
- 결정적 이유(Compelling Reason to Buy): 타겟 고객의 핵심 문제 해결
- 전략적 포지셔닝(Strategic Positioning): 경쟁 대안 대비 확실한 차별화
- 경쟁 대안(Competition): 현재 고객이 문제 해결을 위해 사용하는 방법

3.2.3 마케팅 및 판매 전략
고객 세그먼트별로 다른 마케팅 접근법이 필요하다.
- 초기 수용자 대상: 비전과 혁신성 강조

- 초기 다수 대상: 생산성 향상, ROI, 안정성, 지원 인프라 강조
- 포지셔닝 전략: 틈새시장 내 명확한 제품 카테고리 창출
- 유통 전략: 타겟 세그먼트에 최적화된 유통 채널 선택

3.3 실행 및 확장 단계
캐즘을 건넌 후의 성장 전략은 다음 단계들로 구성된다.

3.3.1 볼링 앨리(Bowling Alley) 전략
- 하나의 틈새시장을 완전히 장악한 후, 이를 기반으로 인접 틈새시장으로 확장
- 각 틈새시장에서 구체적인 문제 해결과 효과적인 레퍼런스 구축

3.3.2 토네이도(Tornado) 전략
- 시장이 급성장하는 단계에서의 확장 전략
- 제품 표준화와 공급망 최적화를 통한 대량 생산/공급 체계 구축
- 시장 점유율 확보에 집중

3.3.3 메인스트리트(Main Street) 전략
- 시장 성숙기에서의 전략
- 제품/서비스 차별화와 틈새시장별 맞춤화
- 고객 충성도 구축 및 유지

4. 중소기업 CoachSulting에서의 캐즘 분석 활용

4.1 중소기업 맞춤형 접근법

4.1.1 자원 제약 고려
- 제한된 자원으로 실행 가능한 틈새시장 집중 전략
- 단계적 성장 접근법 적용
- 최소의 자원으로 최대 효과를 낼 수 있는 영역 선정

4.1.2 차별화 중심 전략
- 대기업과의 직접 경쟁보다 특화된 니치 시장 식별
- 특정 고객 문제에 대한 완벽한 솔루션 제공
- 지역적, 산업별 특화를 통한 전문성 구축

4.1.3 네트워크 및 파트너십 활용

- 전체 제품(Whole Product) 구성을 위한 파트너십 구축
- 레퍼런스 고객 및 사례 개발을 위한 전략적 협력
- 유통 및 마케팅 확장을 위한 네트워크 활용

4.2 활용 범위 및 효과
4.2.1 제품/서비스 개발 전략
- 제품 완성도 제고: '전체 제품' 관점에서 제품/서비스 개선
- 시장 맞춤형 제품 개발: 특정 틈새시장의 니즈에 정확히 부합하는 제품 개발
- 단계적 제품 로드맵: 시장 수용 단계별 제품 발전 전략 수립

4.2.2 시장 진입 및 확장 전략
- 틈새시장 식별 및 선정: 가장 효과적으로 공략할 수 있는 틈새시장 발견
- 시장 확장 로드맵: 첫 틈새시장에서 인접 시장으로의 체계적 확장 계획
- 참조 고객 전략: 시장 침투를 위한 전략적 참조 고객 개발 방안

4.2.3 마케팅 및 영업 전략
- 세그먼트별 메시지 개발: 각 고객 세그먼트에 맞춘 차별화된 마케팅 메시지
- 채널 전략 최적화: 목표 고객 세그먼트에 효과적으로 도달할 수 있는 채널 선택
- 판매 프로세스 설계: 고객 세그먼트 특성에 맞춘 영업 접근법 및 프로세스

4.2.4 파트너십 및 생태계 전략
- 전략적 제휴 구축: 전체 제품 솔루션 제공을 위한 파트너십 전략
- 유통 파트너 개발: 효과적인 시장 진입을 위한 유통 네트워크 구축
- 보완 제품 협력: 제품/서비스 생태계 강화를 위한 협력 관계 설계

4.2.5 투자 및 자원 배분
- 단계별 투자 계획: 시장 수용 단계별 최적 자원 배분 전략
- 주요 성공 지표 설정: 각 단계별 핵심 성과 지표 및 측정 방법
- 리스크 관리 전략: 캐즘 극복 과정에서의 자금 관리 및 리스크 대응 방안

Competency 매트릭스

1. 개념
역량 분석 매트릭스(Competency Analysis Matrix)는 조직과 개인의 역량을 체계적으로 평가하고 시각화하는 전략적 도구이다. 이 매트릭스는 조직에 필요한 핵심 역량(지식, 기술, 태도, 행동)과 현재 보유 수준을 매핑하여 역량 격차를 식별하고, 개발 우선순위를 설정하는 프레임워크를 제공한다. 주로 인재 관리, 조직 개발, 전략 실행 등에 활용되며, 정량적·정성적 평가를 결합한 포괄적 접근법을 취한다.

2. 목적
- 역량 격차 식별: 필요 역량과 현재 수준 간의 격차 파악
- 인재 개발 최적화: 역량 개발 투자의 효과적 우선순위 설정
- 전략적 인력 계획: 조직 목표 달성에 필요한 역량 기반 인력 계획 수립
- 객관적 성과 평가: 역량 기반의 일관되고 객관적인 평가 체계 제공
- 채용 프로세스 강화: 필요 역량에 기반한 채용 기준 및 면접 방법 개발
- 경쟁 우위 확보: 차별화된 조직 역량 개발을 통한 시장 경쟁력 강화
- 조직 변화 촉진: 미래 환경에 대응하기 위한 필요 역량 개발 방향 제시
- 학습 문화 조성: 지속적 역량 개발을 장려하는 조직 문화 형성

3. 역량 분석 매트릭스 사용 방법
3.1 핵심 역량 정의 단계
- 전략적 목표 검토: 조직의 비전, 미션, 전략적 목표 확인
- 핵심 역량 도출: 목표 달성에 필요한 핵심 역량 식별
- 역량 분류: 기술적 역량, 행동적 역량, 리더십 역량 등으로 분류
- 역량 정의: 각 역량의 명확한 정의와 관찰 가능한 행동 지표 수립
- 역량 수준 설정: 각 역량별 발전 단계 정의(예: 초급-중급-고급-전문가)

3.2 현재 역량 평가 단계
- 평가 방법 선정: 자기평가, 관리자 평가, 360도 평가 등 적합한 방법 결정

- 평가 도구 개발: 역량별 평가 지표와 수준별 행동 사례 개발
- 데이터 수집: 선정된 방법을 통한 현재 역량 수준 데이터 수집
- 결과 분석: 수집된 데이터 분석 및 현재 역량 프로파일 작성
- 신뢰성 검증: 다양한 소스의 데이터 비교를 통한 평가 결과 검증

3.3 매트릭스 구성 및 분석 단계
- 매트릭스 구축: 핵심 역량(세로축)과 평가 대상(개인/팀/부서)(가로축) 매핑
- 역량 격차 분석: 필요 수준과 현재 수준 간 격차 시각화
- 패턴 식별: 공통적인 강점, 약점, 개발 기회 패턴 식별
- 우선순위 설정: 전략적 중요도, 격차 크기, 개발 용이성 등 기준으로 우선순위 결정
- 벤치마킹: 내부 최고 성과자 또는 산업 표준과의 비교 분석

3.4 개발 계획 수립 단계
- 역량 개발 전략: 식별된 격차 해소를 위한 개발 접근법 수립
- 맞춤형 개발 계획: 개인/팀별 역량 개발 로드맵 작성
- 자원 할당: 교육 예산, 시간, 지원 체계 등 필요 자원 계획
- 이행 일정: 단계적 역량 개발을 위한 구체적 일정 수립
- 측정 지표: 역량 개발 진행 상황과 효과 측정을 위한 KPI 설정

4. 중소기업 CoachSulting에서의 활용
4.1 중소기업 맞춤형 접근법
4.1.1 실용적 간소화
- 핵심 사업 성과와 직결된 5~7개 핵심 역량에 집중
- 복잡한 평가 체계 대신 직관적이고 실용적인 평가 도구 활용
- 자원 제약을 고려한 비용 효율적 평가 및 개발 방법 적용

4.1.2 경영자 중심 설계
- 경영자/창업자의 비전과 가치를 반영한 역량 정의
- 경영진이 직접 활용할 수 있는 단순한 매트릭스 형태 개발
- 경영자의 역량 개발 의지와 실행력 확보에 초점

4.1.3. 빠른 결과 지향
- 단기간에 가시적 성과를 낼 수 있는 역량 우선 개발

- 즉시 적용 가능한 실행 방안 중심의 컨설팅
- 성공 사례 빠른 창출을 통한 변화 모멘텀 구축

4.2 활용 범위 및 효과
4.2.1 조직 역량 강화
- 핵심 역량 중심 조직 구축: 차별화된 경쟁력의 원천이 되는 조직 역량 정의 및 개발
- 인재 확보 전략: 핵심 역량 기반의 채용 기준 및 선발 프로세스 개선
- 지식 관리 체계: 핵심 지식과 노하우의 체계적 축적 및 전수 시스템 구축

4.2.2 성장 관리
- 성장 병목 해소: 성장을 저해하는 역량 격차 식별 및 해소
- 확장 준비도 평가: 새로운 시장, 제품, 서비스 진출에 필요한 역량 준비도 평가
- 전략적 파트너십: 내부 개발보다 외부 제휴가 효과적인 역량 영역 식별

4.2.3 리더십 및 조직 문화 개발
- 리더십 파이프라인: 차세대 리더 육성을 위한 리더십 역량 개발
- 문화 혁신: 필요한 조직 문화 정착을 위한 행동적 역량 개발
- 변화 관리: 조직 변화를 성공적으로 이끌기 위한 변화 관리 역량 강화

4.2.4 성과 관리 체계화
- 역량 기반 평가: 주관적 평가에서 역량 기반 객관적 평가로 전환
- 성과 피드백: 역량 중심의 구체적이고 건설적인 피드백 체계 구축
- 보상 연계: 핵심 역량 개발과 발휘에 연계된 인센티브 체계 설계

4.2.5 교육 훈련 최적화
- 맞춤형 교육: 역량 격차에 기반한 개인별 맞춤형 교육 설계
- 자원 효율화: 제한된 교육 예산의 우선순위 기반 효율적 배분
- ROI 증대: 전략적 중요 역량 개발에 집중하여 교육 투자 수익 극대화

CSF(핵심성공요인) 평가

1. 개념
핵심 성공요인(Critical Success Factors, CSF) 평가는 조직이 비전과 전략적 목표를 달성하기 위해 반드시 성공적으로 수행해야 하는 핵심 영역을 식별하고 평가하는 전략적 분석 도구이다. 이 도구는 1979년 존 록하트 John Rockhart에 의해 체계화되었으며, 조직의 모든 활동 중에서 진정으로 중요한 소수의 결정적 영역에 집중하도록 돕는다. 핵심 성공요인은 단순한 성과 지표(KPI)와는 달리, 조직의 성공을 위해 '반드시 잘해야 하는' 근본적인 영역을 의미하며, 주요 이해관계자들이 판단하는 성공의 필수 조건을 반영한다. '모든 것을 다 잘하려는' 함정에서 벗어나, 진정으로 중요한 소수의 영역에 집중함으로써 효과적인 차별화와 지속가능한 성장을 이룰 수 있도록 지원한다. CSF 평가의 주요 특성은 다음과 같다.

- 한정된 수: 일반적으로 3~8개의 제한된 수의 CSF에 집중
- 조직 특수성: 산업, 전략, 환경에 따라 각 조직의 고유한 CSF 존재
- 역동성: 시간과 상황에 따라 CSF가 변화할 수 있음
- 계층성: 조직 전체, 부서별, 개인별 CSF로 구체화 가능
- 측정 가능성: 정성적/정량적 지표를 통해 달성 정도 측정 가능
- 자원 배분 기준: 제한된 자원의 우선순위 결정에 중요한 기준 제공

2. 목적
- 전략적 초점 강화: 조직의 역량과 자원을 가장 중요한 영역에 집중
- 명확한 우선순위 설정: 중요한 소수와 덜 중요한 다수를 구분하는 명확한 기준 제공
- 의사결정 품질 향상: 전략적 및 운영적 의사결정의 일관성 강화
- 성과 관리 체계화: 진정으로 중요한 영역의 성과를 체계적으로 관리
- 조직 정렬 촉진: 모든 구성원이 핵심 영역에 집중하도록 방향 제시
- 변화 관리 지원: 조직 변화의 방향과 우선순위 설정에 가이드 제공

- 위험 관리 강화: 성공에 결정적인 영역의 리스크를 우선적으로 관리

3. 핵심 성공요인 평가 방법
3.1 CSF 식별 단계
3.1.1 전략적 목표 검토
- 조직의 비전, 미션, 전략적 목표 명확화

3.1.2 브레인스토밍
- 다양한 이해관계자가 참여하는 브레인스토밍 세션 진행

3.1.3 다차원 분석 접근법
- 산업 CSF: 해당 산업에서 성공하기 위한 필수 요소
- 전략적 CSF: 선택한 경쟁 전략에 따른 핵심 요소
- 환경적 CSF: 거시적 환경 요소에서 비롯된 핵심 요소
- 시간적 CSF: 특정 시기나 상황에 중요한 임시 요소

3.1.4 이해관계자 인터뷰
- 경영진, 중간관리자, 전문가, 고객 등 인터뷰

3.1.5 경쟁 벤치마킹
- 업계 선도기업 분석을 통한 CSF 식별

3.1.6 통합 및 정제
- 수집된 정보를 통합하여 잠재적 CSF 목록 작성

3.2 CSF 우선순위화 및 선정 단계
3.2.1 평가 기준 설정
- CSF 선정을 위해 다음의 명확한 기준 정의
- 전략적 영향력: 전략 목표 달성에 미치는 영향도
- 통제 가능성: 조직이 통제하고 관리할 수 있는 정도
- 차별화 가능성: 경쟁사 대비 차별화 가능성
- 시급성: 즉각적인 관심이 필요한 정도

3.2.2 우선순위 매트릭스
- 중요도와 현재 성과 수준에 따른 매핑

3.2.3 합의 도출 워크숍

- 핵심 의사결정자들이 참여하는 합의 프로세스

3.2.4 최종 CSF 선정
- 3~8개의 진정한 핵심 성공요인 최종 선정

3.3 CSF 구체화 및 측정지표 개발 단계

3.3.1 CSF 정의서 작성
- 각 CSF에 대한 명확한 정의와 범위 문서화

3.3.2 핵심 성과 지표(KPI) 개발
- 각 CSF의 성과를 측정할 다음의 구체적 지표 설정
- 선행 지표(Leading Indicators): 미래 성과를 예측하는 지표
- 후행 지표(Lagging Indicators): 과거 성과를 측정하는 지표

3.3.3 목표치 설정
- 각 KPI별 달성해야 할 구체적 목표 수준 설정

3.3.4 측정 방법 정의
- 데이터 수집 방법, 빈도, 책임자 등 정의

3.4 실행 및 모니터링 단계
- 실행 계획 수립: 각 CSF 달성을 위한 구체적 실행 계획 개발
- 자원 배분: CSF 우선순위에 따른 자원(예산, 인력, 시간) 배분
- 성과 모니터링 체계: 정기적인 CSF 성과 측정 및 보고 시스템 구축
- 검토 및 조정: 정기적 성과 검토 및 필요시 전략/실행 계획 조정
- 학습 및 개선: 성공/실패 경험을 통한 CSF 관리 역량 강화

4. 중소기업 CoachSulting에서의 핵심 성공요인 평가 활용

4.1 중소기업 맞춤형 접근법

4.1.1 실용적 간소화
- 복잡한 분석보다 경영자의 통찰과 현장 경험 중심 접근
- 3~5개 핵심 영역에 집중하는 최소 필수 CSF 접근법
- 즉시 실행 가능한 실용적 측정 지표 개발

4.1.2 성장 단계별 맞춤화

- 창업 초기, 성장기, 안정기 등 기업 성장 단계별 적합한 CSF 식별
- 생존에서 성장, 확장으로 이어지는 진화적 CSF 프레임워크 제공
- 현재 당면 과제와 미래 준비를 균형 있게 고려한 CSF 설계

4.1.3 제한된 자원 최적화
- 중소기업의 제한된 자원을 가장 효과적으로 활용할 CSF 중심 접근
- 소규모 조직에서도 효과적으로 모니터링할 수 있는 간결한 지표 시스템
- 핵심 영역 집중을 통한 경쟁력 확보 전략 수립

4.2 활용 범위 및 효과
4.2.1 전략적 포지셔닝 및 차별화
- 경쟁 우위 영역 식별: 중소기업이 경쟁사 대비 우위를 확보할 수 있는 핵심 영역 파악
- 틈새시장 전략 수립: 특화된 시장에서 성공하기 위한 핵심 성공요인 정의
- 자원 집중 전략: 제한된 자원을 차별화 가능한 영역에 전략적으로 집중
- 브랜드 아이덴티티 강화: 고유한 가치 제안을 뒷받침하는 핵심 역량 개발

4.2.2 조직 역량 및 시스템 개발
- 핵심 프로세스 최적화: 경쟁력의 원천이 되는 프로세스 식별 및 최적화
- 인재 개발 초점: 핵심 성공요인과 연계된 인재 역량 개발 프로그램
- 기술 투자 우선순위: 제한된 기술 투자를 최적의 영역에 집중
- 지식 관리 체계: 핵심 노하우와 경험을 체계화하는 지식 관리 시스템

4.2.3 성장 관리 및 확장
- 확장 준비도 평가: 사업 확장을 위한 핵심 준비 요소 평가
- 신규 시장 진입 전략: 새로운 시장에서의 성공을 위한 필수 요소 식별
- 파트너십 전략: 전략적 파트너 선정 및 관계 관리를 위한 핵심 기준
- 자금 조달 준비: 투자 유치 또는 금융 지원을 위한 핵심 성공요인 강화

4.2.4 위기 관리 및 회복력
- 생존 핵심요인 관리: 경기 침체 등 위기 상황에서의 생존 필수 요소 식별
- 리스크 우선순위: 핵심 성공요인 관련 리스크에 대한 집중 관리
- 대체 전략 개발: 핵심 성공요인 달성이 어려울 경우의 대안 전략
- 회복력 강화: 외부 충격에도 핵심 기능을 유지할 수 있는 역량 개발

4.2.5 경영 효율성 및 성과 관리

- 핵심 성과 지표 체계: CSF 기반의 균형 잡힌 성과 관리 시스템 구축
- 자원 낭비 감소: 비핵심 활동에 대한 과잉 투자 방지
- 의사결정 프레임워크: 일관된 의사결정을 위한 CSF 기반 평가 기준
- 지속적 개선 체계: 핵심 영역의 지속적 모니터링 및 개선 체계 구축

Decision 매트릭스

1. 개념
의사결정 매트릭스(Decision Matrix)는 다양한 대안들을 체계적으로 평가하고 비교하여 최적의 선택을 도출하는 구조화된 의사결정 도구이다. 이 도구는 여러 기준(평가 요소)과 옵션(대안)을 행렬 형태로 배치하고, 각 기준에 가중치를 부여하여 정량적인 평가를 통해 객관적인 의사결정을 지원한다. 의사결정 매트릭스는 단순 비교부터 복잡한 다기준 의사결정까지 다양한 상황에 유연하게 적용할 수 있는 범용적인 프레임워크이다. 의사결정 매트릭스의 주요 특징은 다음과 같다.

- 다기준 분석: 여러 평가 기준을 동시에 고려한 종합적 분석
- 정량적 접근: 주관적 판단을 수치화하여 객관성 확보
- 가중치 적용: 각 기준의 상대적 중요도를 반영
- 시각적 표현: 행렬 구조를 통한 명확한 정보 시각화
- 합의 도출: 의사결정 과정의 투명성을 통한 이해관계자 합의 촉진

2. 목적
- 체계적 의사결정: 감정이나 직관에 의존하지 않고 논리적 과정을 통한 의사결정
- 우선순위 설정: 여러 대안이나 프로젝트의 우선순위 결정
- 의사결정 품질 향상: 다양한 요소를 종합적으로 고려한 균형 잡힌 판단
- 합리적 근거 제공: 의사결정에 대한 명확한 근거와 설명 가능
- 팀 의사결정 촉진: 다양한 관점을 통합하고 합의를 도출하는 프레임워크 제공
- 리스크 관리: 중요 요소를 누락하지 않고 균형 있게 고려

3. 의사결정 매트릭스 활용 방법
3.1 준비 및 설계 단계

- 의사결정 문제 정의: 해결하고자 하는 문제와 의사결정의 목적 명확화
- 대안 식별: 평가할 옵션이나 대안 목록 작성
- 평가 기준 선정: 대안을 평가할 핵심 기준 선정(전략 부합성, 비용, 실행 용이성, ROI, 리스크, 시간 등)
- 가중치 설정: 각 평가 기준의 상대적 중요도에 따른 가중치 부여(백분율(총합 100%) 또는 점수 척도(1~5, 1~10) 활용)

3.2 매트릭스 구성 및 평가 단계
- 매트릭스 틀 작성: 행(대안)과 열(평가 기준)로 구성된 표 작성
- 점수 척도 결정: 평가에 사용할 점수 체계 결정(일반적으로 1~5 또는 1~10)
- 대안별 평가: 각 대안에 대해 모든 평가 기준별로 점수 부여
- 가중 점수 계산: 각 항목 점수에 해당 기준의 가중치를 곱하여 가중 점수 산출
- 총점 계산: 각 대안별 가중 점수의 합계 산출

3.3 분석 및 의사결정 단계
- 결과 분석: 총점 순위와 패턴 분석
- 민감도 분석: 가중치나 점수 변화에 따른 결과 변화 검토
- 정성적 고려사항 보완: 매트릭스에 포함되지 않은 정성적 요소 반영
- 최종 의사결정: 분석 결과를 바탕으로 최적 대안 선택
- 의사결정 근거 문서화: 프로세스와 결과에 대한 명확한 기록

3.4 후속 조치 및 실행 단계
- 실행 계획 수립: 선택된 대안의 구체적 실행 계획 개발
- 이해관계자 커뮤니케이션: 의사결정 결과와 근거 공유
- 학습 및 프로세스 개선: 의사결정 과정에서 얻은 교훈 정리

4. 중소기업 CoachSulting에서의 의사결정 매트릭스 활용
4.1 중소기업 맞춤형 접근법
4.1.1 실용적 간소화
- 핵심 기준 중심의 집중적 평가(5~7개 이내의 평가 기준)
- 직관적인 평가 척도와 계산 방식 적용

- 빠른 의사결정을 위한 간소화된 프로세스 설계

4.1.2 경영자 의사결정 지원
- 중소기업 경영자의 경험과 직관을 체계화하는 보완적 도구
- 핵심 의사결정자의 가치관과 우선순위를 명시적으로 반영
- 객관적 근거에 기반한 설득력 있는 의사결정 지원

4.1.3 자원 제약 고려
- 제한된 자원 상황에서 최적의 자원 배분 지원
- 투자 대비 효과를 명확히 평가할 수 있는 기준 설정
- 단계적 접근으로 리스크 관리 강화

4.2 활용 범위 및 효과

4.2.1 투자 의사결정
- 장비/설비 투자 평가: 여러 대안 중 최적의 투자 옵션 선택
- 신규 사업 평가: 다양한 사업 기회의 체계적 평가 및 우선순위 설정
- IT 투자 의사결정: 기술 도입 및 디지털 전환 관련 의사결정

4.2.2 전략적 의사결정
- 시장 진입 전략: 다양한 시장 진출 방식 평가(직접 진출, 제휴, 인수 등)
- 제품/서비스 포트폴리오: 제품 라인업 조정 및 신제품 개발 우선순위 결정
- 공급망 전략: 공급업체 선정, 물류 방식, 재고 관리 전략 등 결정

4.2.3 운영 최적화
- 프로세스 개선: 다양한 개선 방안 중 우선 추진할 과제 선정
- 인력 배치: 제한된 인력의 효과적 배치를 위한 우선순위 결정
- 아웃소싱 의사결정: 내부 수행 vs. 외부 위탁 결정

4.2.4 인사 및 조직 관리
- 인재 채용: 여러 후보자 평가 및 최종 선발
- 승진/배치: 승진 후보자 평가 및 적합한 포지션 배치 결정
- 교육 훈련: 필요 교육 프로그램 우선순위 설정

4.2.5 문제 해결 및 리스크 관리
- 문제 해결 대안: 다양한 해결책 중 최적안 선택

- 리스크 우선순위: 여러 리스크 요인의 중요도 평가 및 대응 우선순위 결정
- 위기 대응: 위기 상황에서의 대응 방안 평가 및 선택

Executive Time 분석

1. 개념
경영자 시간 분석(Executive Time Analysis)은 경영자가 실제로 시간을 어떻게 사용하고 있는지를 체계적으로 조사하고, 이를 최적의 시간 배분과 비교하여 개선 기회를 도출하는 컨설팅 도구이다. 이 도구는 피터 드러커 Peter Drucker의 "효과적인 경영자"에서 강조된 시간 관리의 중요성에 기반을 두고 있으며, 경영자의 가장 희소한 자원인 '시간'을 효율적으로 활용하는 방안을 모색한다. 경영자 시간 분석은 단순한 시간 관리 기법을 넘어, 조직의 전략적 우선순위와 경영자의 시간 투자 패턴 간의 일치성을 평가하는 전략적 도구로 활용된다. 이 접근법을 통해 경영자는 자신의 가장 희소한 자원인 시간을 전략적 우선순위에 맞게 재배분함으로써, 조직의 지속가능한 성장과 개인의 효과성을 동시에 높일 수 있다. 주요 구성요소는 다음과 같다.

- 시간 로그(Time Log): 경영자의 일일/주간 활동과 소요 시간을 상세히 기록
- 활동 분류 체계: 활동을 유형별로 분류하는 프레임워크 (예: 전략적/운영적, 가치 창출/비가치 창출)
- 시간 배분 분석: 각 활동 유형별 시간 비율 분석
- 이상-현실 갭 분석: 최적 시간 배분과 현재 시간 배분 간의 차이 분석
- 시간 낭비 요소: 생산성을 저해하는 시간 낭비 요소 식별
- 위임 기회: 다른 사람에게 위임 가능한 업무 식별
- 개선 계획: 시간 활용 최적화를 위한 구체적 개선 계획

2. 목적
- 전략적 초점 강화: 경영자의 시간을 전략적 우선순위에 집중
- 생산성 향상: 고부가가치 활동에 더 많은 시간 투자 촉진
- 업무 균형 최적화: 전략/운영, 내부/외부, 단기/장기 업무의 균형 개선
- 위임 강화: 효과적인 위임을 통한 조직 역량 강화

- 과부하 감소: 경영자의 업무 과부하 및 스트레스 감소
- 의사결정 질 향상: 중요 의사결정에 충분한 시간과 에너지 확보
- 조직 발전: 리더십 효과성 증대를 통한 조직 전체 성과 향상

3. 경영자 시간 분석 방법
3.1 준비 및 데이터 수집 단계
3.1.1 목적 명확화
- 분석의 목적과 개선 방향 설정

3.1.2 시간 기록 방법 결정
- 자가 기록, 비서 기록, 관찰, 디지털 도구 등 방법 선택

3.1.3 시간 로그 양식 개발
- 쉽게 기록하고 분석할 수 있는 양식 설계

3.1.4 기록 기간 설정
- 최소 2주 이상, 가급적 4~6주간의 대표성 있는 기간 설정

3.1.5 실제 시간 기록
- 15~30분 단위로 모든 활동과 소요 시간 상세 기록
- 활동 내용, 시작/종료 시간, 참여자, 목적, 우선순위 등 포함

3.2 데이터 분석 및 패턴 도출 단계
3.2.1 활동 분류
- 기록된 활동들을 다음의 의미 있는 카테고리로 분류
- 기능별: 전략, 운영, 인사, 재무, 마케팅, 외부관계 등
- 가치별: 고부가가치, 중간가치, 저부가가치
- 시간 속성별: 계획된 시간, 반응적 시간, 낭비 시간
- 수행 방식별: 회의, 개인 작업, 이동, 소통 등

3.2.2 시간 분포 분석
- 각 범주별 시간 비율 계산 및 시각화

3.2.3 패턴 및 추세 분석
- 요일별, 시간대별, 상황별 패턴 분석

3.2.4 중단 및 방해 요소 분석

- 업무 중단 요인과 빈도 분석

3.2.5 위임 가능성 평가
- 각 활동의 위임 가능성 및 적합한 위임 대상 평가

3.3 평가 및 개선 기회 도출 단계
- 이상적 시간 배분 모델 정의: 조직 상황과 전략적 우선순위에 맞는 최적 시간 배분 모델 수립
- 갭 분석: 현재 시간 배분과 이상적 모델 간의 차이 분석
- 비효율 요소 식별: 시간 낭비, 불필요한 중복, 저부가가치 활동 식별
- 구조적 문제 분석: 조직 구조나 프로세스로 인한 시간 비효율 요소 파악
- 개선 기회 우선순위화: 영향력과 실행 용이성을 기준으로 개선 기회 우선순위 설정

3.4 개선 계획 수립 및 실행 단계
- 구체적 개선 목표 설정: 시간 배분 변화를 위한 명확한 목표 수립
- 실행 계획 개발: 구체적 행동 계획, 책임자, 일정 설정
- 지원 도구 및 시스템 설계: 개선된 시간 관리를 지원할 도구와 시스템 구축
- 주변 환경 조정: 경영자 업무 환경 및 지원 체계 최적화
- 위임 계획 수립: 효과적 위임을 위한 구체적 계획 및 코칭
- 모니터링 체계 구축: 시간 활용 개선 상황을 지속적으로 모니터링할 체계 수립

4. 중소기업 CoachSulting에서의 경영자 시간 분석 활용

4.1 중소기업 경영자 특성 고려

4.1.1 다역할 수행 중심 접근
- 소규모 조직에서 경영자가 다양한 역할을 동시에 수행하는 현실 고려
- 역할 간 전환 비용 최소화 및 효율적 역할 통합 방안 모색
- 다중 책임 속에서의 집중과 균형 전략 제시

4.1.2 실용적 단순화
- 복잡한 도구보다 직관적이고 쉽게 적용 가능한 방법론 제공

- 경영자의 실제 상황과 성향에 맞는 맞춤형 기록 방식 개발
- 즉시 적용 가능한 실용적 개선 제안에 중점

4.1.3 성장 단계별 접근
- 창업 초기, 성장기, 안정기 등 기업 성장 단계별 최적 시간 배분 모델 제시
- 조직 규모와 복잡성 증가에 따른 경영자 역할 전환 지원
- 단계적 위임과 조직 체계 구축을 통한 시간 확보 전략 제공

4.2 활용 범위 및 효과
4.2.1 전략적 리더십 강화
- 전략적 사고 시간 확보: 미래 전략과 비전 수립에 필요한 시간 확보
- 핵심 영역 집중: 경영자의 독특한 강점과 기업 성공의 핵심 영역에 시간 집중
- 혁신 활동 강화: 신제품/서비스 개발, 비즈니스 모델 혁신에 시간 투자
- 외부 환경 이해: 시장, 경쟁, 트렌드 모니터링을 위한 충분한 시간 확보

4.2.2 조직 구조 및 프로세스 최적화
- 조직 설계 개선: 경영자의 과도한 개입이 필요한 구조적 문제 개선
- 위임 체계 구축: 효과적인 위임을 위한 역할 분담 및 권한 체계 구축
- 의사결정 프로세스 개선: 의사결정 속도와 품질을 높이는 프로세스 개선
- 회의 효율화: 불필요한 회의 감소 및 회의 생산성 향상 방안

4.2.3 경영자 개인 효과성 향상
- 업무 습관 개선: 비생산적 습관 식별 및 개선
- 에너지 관리: 고강도 집중이 필요한 활동을 에너지 수준이 높은 시간대에 배치
- 디지털 습관 최적화: 이메일, 메시지, 소셜미디어 등의 효율적 활용 방안
- 업무-삶 균형 개선: 지속가능한 업무 리듬과 회복 시간 확보

4.2.4 성장 장애물 제거
- 성장 병목 해소: 경영자가 성장 병목이 되는 영역 식별 및 해소
- 핵심 인재 육성: 차기 리더 및 핵심 인재 육성에 시간 투자
- 시스템 구축: 경영자 개입 없이도 일관된 운영이 가능한 시스템 구축

- 의존성 감소: 특정 개인(특히 경영자)에 대한 과도한 의존 감소

4.2.5 지속가능한 성장 기반 구축

- 시장 확대 활동: 신규 고객, 시장 개발에 필요한 경영자 시간 확보
- 핵심 관계 관리: 중요 고객, 파트너, 투자자 관계 구축에 시간 투자
- 학습 및 역량 개발: 경영자 자신과 조직의 역량 개발에 시간 투자
- 기업 문화 형성: 바람직한 기업 문화 형성에 필요한 리더십 시간 확보

Gap 분석

1. 개념
갭 분석(Gap Analysis)은 조직의 현재 상태(As-Is)와 목표 상태(To-Be) 사이의 차이를 체계적으로 식별하고 분석하는 전략적 도구이다. 이 분석을 통해 '우리가 어디에 있는가'와 '우리가 어디로 가고자 하는가' 사이의 간극을 명확히 파악하고, 그 격차를 해소하기 위한 구체적인 방안을 수립할 수 있다. 갭 분석은 조직의 전략, 프로세스, 기술, 역량, 성과 등 다양한 영역에 적용될 수 있는 유연한 프레임워크이다.

2. 목적
- 개선 기회 식별: 조직의 현재 성과와 목표 사이의 간극을 통해 개선 기회 발견
- 자원 배분 최적화: 제한된 자원을 가장 중요한 개선 영역에 효과적으로 할당
- 변화 관리 지원: 필요한 변화의 범위와 영향을 명확히 하여 효과적인 변화 관리
- 전략적 로드맵 개발: 목표 달성을 위한 단계적, 구체적 실행 계획 수립
- 성과 측정 기준 설정: 진행 상황을 모니터링하기 위한 명확한 기준점 제공
- 우선순위 설정: 여러 개선 과제 중 가장 중요하고 시급한 영역 식별

3. 갭 분석의 주요 유형 및 분석 영역
3.1 주요 유형
- 전략적 갭 분석: 조직의 비전, 미션, 전략 목표와 현재 상태 간의 격차 분석
- 성과 갭 분석: 현재 성과 지표와 목표 성과 간의 차이 평가
- 프로세스 갭 분석: 현행 업무 프로세스와 이상적 프로세스 간의 차이 식별

- 기술 갭 분석: 현재 기술 인프라와 필요 기술 수준 간의 격차 평가
- 역량 갭 분석: 조직과 인력의 현재 역량과 필요 역량 간의 차이 분석
- 규제 준수 갭 분석: 현재 상태와 법적/규제적 요구사항 간의 격차 파악

3.2 분석 영역
- 전략 및 목표: 비전, 미션, 전략적 목표, 핵심 성과 지표(KPI)
- 조직 구조: 조직 설계, 역할과 책임, 의사결정 프로세스
- 비즈니스 프로세스: 핵심/지원 프로세스, 업무 흐름, 효율성
- 기술 및 시스템: IT 인프라, 애플리케이션, 데이터 관리, 자동화
- 인적 자원: 인력 규모, 역량, 기술, 지식, 교육, 문화
- 재무 성과: 수익, 비용, 마진, 투자 수익률(ROI), 현금 흐름
- 고객 관점: 고객 만족도, 고객 경험, 가치 제안, 시장 포지셔닝

4. 갭 분석 프로세스

4.1 현재 상태(As-Is) 분석 단계
- 데이터 수집: 정량적/정성적 데이터 수집 (내부 문서, 인터뷰, 설문, 관찰 등)
- 현황 매핑: 현재 상태의 체계적 문서화 (프로세스 맵, 조직도, 성과 지표 등)
- 강점 및 약점 평가: 현재 상태의 장단점 식별
- 기준선 설정: 현재 성과 수준의 명확한 측정과 기록

4.2 목표 상태(To-Be) 정의 단계
- 비전 및 목표 명확화: 조직의 비전과 전략적 목표 검토
- 벤치마킹: 업계 선도 기업 및 베스트 프랙티스 분석
- 이해관계자 요구 반영: 고객, 직원, 투자자 등 이해관계자 기대 통합
- 목표 상태 설계: 이상적인 미래 상태의 구체적 정의 및 문서화

4.3 갭 식별 및 분석 단계
- 정량적 갭 측정: 측정 가능한 지표를 통한 격차 수치화
- 정성적 갭 평가: 비정량적 요소의 격차 평가
- 근본 원인 분석: 격차의 근본 원인 및 영향 요인 탐색
- 상호 연관성 분석: 다양한 갭 간의 관계 및 영향 파악

4.4 해소 전략 수립 단계
- 대안 탐색: 갭 해소를 위한 다양한 대안 개발
- 비용-효과 분석: 각 대안의 비용과 예상 효과 평가
- 우선순위 설정: 영향력, 시급성, 실행 용이성 등 고려한 우선순위 결정
- 실행 계획 수립: 구체적 액션 아이템, 일정, 책임자, 자원 계획 개발

4.5 실행 및 모니터링 단계
- 계획 실행: 수립된 실행 계획의 체계적 이행
- 성과 측정: 갭 해소 진행 상황 정기적 측정
- 조정 및 피드백: 결과에 따른 접근법 조정 및 피드백 반영
- 성공 사례 확산: 효과적인 개선 사례의 조직 내 공유 및 확산

5. 중소기업 CoachSulting에서의 갭 분석 활용
5.1 중소기업 맞춤형 접근법
5.1.1 간소화된 분석
- 핵심 비즈니스 영역에 집중한 효율적 분석
- 직관적이고 실용적인 분석 도구 활용
- 경영진이 이해하기 쉬운 시각적 자료 개발

5.1.2 실행 중심 접근
- 즉시 실행 가능한 개선 방안 우선 도출
- 단기적 성과와 장기적 개선의 균형
- 제한된 자원으로 최대 효과를 내는 영역 집중

5.1.3 단계적 개선
- 한 번에 모든 갭을 해소하려 하기보다 점진적 접근
- 우선순위에 따른 순차적 개선
- 초기 성공을 기반으로 한 모멘텀 구축

5.2 활용 범위 및 효과
5.2.1 전략 및 비즈니스 모델 개선
- 비전 및 목표 명확화: 명확한 방향성 설정 및 공유
- 비즈니스 모델 최적화: 수익 모델, 고객 가치 제안 개선

- 시장 포지셔닝 강화: 차별화 요소 발굴 및 강화

5.2.2 운영 효율성 향상
- 프로세스 최적화: 비효율적 프로세스 개선 및 병목 현상 제거
- 자원 활용 효율화: 인력, 장비, 시간 등 자원의 효율적 활용
- 품질 향상: 제품/서비스 품질 표준과 현재 수준 간 격차 해소

5.2.3 재무 성과 개선
- 수익성 향상: 수익 증대 및 비용 절감 기회 발굴
- 현금 흐름 관리: 현금 흐름 개선 및 운전자본 최적화
- 투자 우선순위: 제한된 자본의 효과적 배분 의사결정

5.2.4 인적 자원 개발
- 역량 개발: 직원 역량과 직무 요구사항 간 격차 해소
- 조직 구조 최적화: 업무 효율성을 높이는 조직 구조 개선
- 문화 변화: 바람직한 조직 문화와 현재 문화 간 격차 분석

5.2.5 기술 및 디지털 전환
- 디지털 성숙도 평가: 현재 디지털 역량과 필요 수준 간 격차 분석
- IT 인프라 최적화: 기술 인프라 개선 우선순위 설정
- 디지털 전환 로드맵: 단계적 디지털화 계획 수립

Job Analysis

1. 개념
직무분석(Job Analysis)은 조직 내 특정 직무의 목적, 책임, 과업, 수행 방법, 필요 역량 등을 체계적으로 조사하고 분석하는 과정이다. 이는 직무의 내용과 특성을 명확하게 정의하여 직무 수행에 필요한 지식, 기술, 능력(KSA: Knowledge, Skills, Abilities) 및 기타 특성을 파악하는 전략적 인적자원관리 도구이다. 직무분석은 과학적 관리 원칙에 기반한 접근법으로, 각 직무의 본질을 객관적으로 이해하고 문서화한다.

2. 목적
- 인력 계획 최적화: 필요 인력의 규모, 역량, 배치에 대한 객관적 기준 제공
- 채용 및 선발 효율화: 직무 요건에 부합하는 인재 선발 기준 수립
- 교육 훈련 체계화: 필요 역량과 현재 역량 간 격차 해소를 위한 교육 설계
- 성과 관리 객관화: 직무 기반 성과 평가 및 피드백 체계 구축
- 보상 체계 합리화: 직무 가치에 따른 공정한 보상 체계 수립
- 조직 구조 최적화: 역할 중복, 공백 등 조직 구조 문제 파악 및 개선
- 법적 요건 충족: 고용 관련 법규 준수 및 법적 분쟁 예방
- 업무 프로세스 개선: 직무 간 연계성 파악을 통한 업무 흐름 최적화

3. 직무분석 방법론
3.1 정보 수집 단계
- 관찰법: 직무 수행자의 실제 업무 과정을 직접 관찰하고 기록
- 인터뷰: 직무 수행자, 상사, 부하 등 관련자 대상 구조화된 인터뷰 진행
- 설문조사: 표준화된 설문지를 통한 직무 정보 수집
- 작업 일지: 직무 수행자가 일정 기간 동안 수행한 활동 기록
- 중요사건기법(CIT): 직무 수행 중 발생한 중요 사건/상황 수집 분석

- 전문가 패널: 해당 분야 전문가들의 의견 수렴
- 기존 자료 검토: 조직도, 업무 매뉴얼, 기존 직무기술서 등 분석

3.2 직무 정보 분석 단계
- 직무 분류: 수집된 정보를 바탕으로 직무 범주화
- 과업 분석: 수행 과업의 빈도, 중요도, 난이도, 소요 시간 등 분석
- 역량 분석: 직무 수행에 필요한 지식, 기술, 능력 식별
- 작업 조건 분석: 작업 환경, 위험 요소, 물리적 요구사항 등 분석
- 책임/권한 분석: 의사결정 범위, 감독 수준, 자원 관리 책임 등 파악

3.3 직무기술서 및 명세서 개발 단계
- 직무기술서(Job Description) 작성: 직무의 목적, 주요 책임, 과업, 보고 관계 등 기술
- 직무명세서(Job Specification) 작성: 직무 수행에 필요한 자격, 경험, 역량 등 명시
- 직무평가(Job Evaluation): 직무의 상대적 가치 평가를 통한 등급 설정
- 검증 및 업데이트: 작성된 문서의 정확성 검증 및 정기적 업데이트 계획 수립

4. 중소기업 CoachSulting에서의 직무분석 활용

4.1 중소기업 맞춤형 접근법

4.1.1 간소화된 프로세스
- 핵심 직무 중심의 선별적 분석으로 자원 효율성 확보
- 현장 중심의 실용적 방법론(관찰, 인터뷰) 우선 적용
- 표준화된 템플릿과 체크리스트 활용으로 프로세스 간소화

4.1.2 경영자 직접 참여
- 소유주/경영자의 비전과 기대를 직접 반영
- 핵심 관리자 참여를 통한 현실적 직무 정의
- 빠른 의사결정을 통한 실행력 강화

4.1.3 단계적 적용
- 가장 시급한 문제 영역(고이직률, 성과 부진 등) 우선 접근
- 성공 경험 축적 후 점진적 확대

- 직원들의 변화 수용성을 고려한 속도 조절

4.2 활용 범위 및 효과
4.2.1 인력 운영 최적화
- 인력 구조 재설계: 불필요한 중복, 공백 식별 및 효율적 조직 구조 수립
- 다기능 인력 육성: 소수 인력으로 여러 기능을 수행할 수 있는 역량 개발
- 아웃소싱 결정: 핵심/비핵심 업무 구분을 통한 효율적 자원 배분

4.2.2 성장 관리 체계화
- 성장 단계별 직무 재정의: 기업 성장에 따른 체계적 직무 확장
- 핵심 인재 확보 전략: 성장 병목 해소를 위한 핵심 역량 중심 채용
- 승계 계획: 핵심 직무 인력의 이탈 위험 대비 및 지식 전수 체계 구축

4.2.3 생산성 및 품질 향상
- 업무 프로세스 개선: 비효율적 작업 방식 식별 및 개선
- 표준화 촉진: 최적 작업 방식의 표준화 및 전파
- 품질 관리 강화: 핵심 품질 관리 포인트 명확화

4.2.4 인적자원관리 체계화
- 체계적 채용 시스템: 직무 요건 기반 채용 프로세스 구축
- 역량 중심 교육: 직무별 필요 역량에 집중한 효율적 교육 체계
- 공정한 평가/보상: 직무 가치와 성과에 기반한 객관적 평가 및 보상

4.2.5 변화 관리 지원
- 업무 재배치: 구조조정 과정의 합리적 인력 재배치 근거 제공
- 디지털 전환 지원: 자동화/디지털화에 따른 직무 변화 관리
- 조직 문화 개선: 역할 명확화를 통한 책임감 강화 및 갈등 감소

KPI(핵심성과지표) 대시보드

1. 개념
KPI(Key Performance Indicator, 핵심성과지표) 대시보드는 조직의 핵심 성과 측정 지표를 한눈에 파악할 수 있도록 시각적으로 통합하여 보여주는 관리 도구이다. 자동차 계기판처럼 비즈니스의 '현재 상태'를 직관적으로 보여주며, 목표 대비 실적, 추세, 이상치 등을 효과적으로 파악할 수 있게 한다. KPI 대시보드는 전략적 목표와 연계된 핵심 지표들을 선별하여 의사결정자가 중요한 정보에 집중할 수 있도록 설계되며, 데이터 기반 경영의 핵심 인프라 역할을 한다. 구성 요소는 다음과 같다.

1.1 핵심성과지표(KPIs)
- 전략적 목표 달성 정도를 측정하는 정량적 지표
- 재무, 고객, 운영, 인적 자원 등 다양한 영역 포괄
- SMART(구체적, 측정 가능, 달성 가능, 관련성, 기한) 원칙 적용

1.2 시각화 요소
- 그래프, 차트, 게이지, 스코어카드 등 다양한 시각적 표현
- 색상 코드(빨강-노랑-초록)를 활용한 성과 상태 표시
- 트렌드와 패턴을 한눈에 파악할 수 있는 시계열 표현

1.3 대시보드 레이아웃
- 정보 계층화(Overview → Details)
- 관련 KPI 그룹화 및 논리적 배치
- 사용자 중심 인터페이스 설계

1.4 데이터 연계 시스템
- 데이터 소스와의 자동 연동
- 정해진 주기(실시간, 일간, 주간, 월간)로 갱신
- 데이터 품질 및 무결성 관리

2. 목적

- 전략 실행 모니터링: 전략적 목표와 실행 계획의 진행 상황 추적
- 성과 투명성 확보: 조직 전체가 핵심 성과를 명확히 확인하고 공유
- 신속한 의사결정 지원: 이상 징후나 기회를 빠르게 발견하고 대응
- 자원 배분 최적화: 성과 데이터에 기반한 효율적 자원 할당
- 조직 정렬 강화: 전사적으로 일관된 목표와 성과 지표 공유
- 책임감 및 동기부여 촉진: 명확한 목표와 성과 가시화로 책임 의식 제고
- 지속적 개선 촉진: 주요 지표의 추세를 통해 개선 기회 발견

3. KPI 대시보드 사용 방법
3.1 설계 및 구축 단계
3.1.1 KPI 선정 및 설계
- 전략 목표와 핵심 성공 요인(CSF) 식별
- 각 목표별 적절한 KPI 선정 (과다한 KPI 지양, 보통 5~15개 권장)
- 지표별 정의, 계산 방식, 데이터 소스, 측정 주기, 목표치 설정

3.1.2 대시보드 구조 설계
- 사용자 요구사항 및 의사결정 니즈 분석
- 정보 계층화 및 드릴다운 구조 설계
- 적절한 시각화 방식 선택

3.1.3 데이터 파이프라인 구축
- 데이터 소스 연결 및 통합
- ETL(추출-변환-적재) 프로세스 설정
- 데이터 업데이트 주기 및 메커니즘 설정

3.1.4 대시보드 구현
- 시각적 디자인 및 레이아웃 구현
- 인터랙티브 요소 및 필터 기능 개발
- 모바일 접근성 및 반응형 디자인 고려

3.2 운영 및 활용 단계
3.2.1 정기적 성과 검토
- 일간/주간/월간 등 정기적 성과 미팅 실시

- KPI 대시보드 기반 현황 및 이슈 논의
- 성과 차이(Gap) 원인 분석 및 대응 방안 도출

3.2.2 의사결정 연계
- 특정 KPI 이상 징후 발견 시 의사결정 프로세스 작동
- 전략적 우선순위 조정 및 자원 재배분
- 성과 데이터 기반 신규 이니셔티브 발굴

3.2.3 조직 소통 도구 활용
- 경영진-중간관리자-실무자 간 일관된 성과 정보 공유
- 부서/팀별 성과 공유 및 협업 촉진
- 조직 목표와 개인 목표 연계 강화

3.3 개선 및 발전 단계
3.3.1 KPI 및 대시보드 효과성 평가
- KPI의 관련성, 정확성, 시의성 정기 점검
- 사용자 피드백 수집 및 개선점 식별
- 전략 변화에 따른 KPI 적절성 재평가

3.3.2 지속적 기능 개선
- 새로운 분석 기능 및 시각화 방식 도입
- 추가 데이터 소스 연계 및 통합
- AI/예측 분석 기능 강화

3.3.3 조직 역량 강화
- 데이터 해석 및 활용 역량 교육
- 성과 관리 프로세스 최적화
- 데이터 기반 의사결정 문화 정착

4. 중소기업 CoachSulting에서의 KPI 대시보드 활용
4.1 중소기업 맞춤형 접근법
4.1.1 비용 효율적 구현
- 클라우드 기반 저비용 솔루션 활용(Power BI, Tableau Public, Google Data Studio 등)

- 기존 데이터(ERP, 회계, CRM 등)를 최대한 활용한 설계
- 단계적 구현으로 초기 투자 부담 최소화

4.1.2 실용성 중심 설계
- 이론적 완벽함보다 실제 의사결정에 필요한 지표 중심
- 직관적이고 심플한 인터페이스로 진입장벽 낮춤
- 수동 데이터 입력이 필요한 영역도 현실적으로 설계

4.1.3 역량 수준 고려
- 조직의 데이터 활용 성숙도에 맞춘 단계적 접근
- 경영진 및 관리자 대상 데이터 해석 교육 병행
- 내부 전문가 양성 및 지식 전수 계획 수립

4.2 활용 범위 및 효과
4.2.1 경영 성과 통합 관리
- 매출, 수익성, 현금흐름 등 핵심 재무 지표 통합 모니터링
- 영업, 마케팅, 운영, 인사 등 주요 기능별 KPI 트래킹
- 전사적 목표 달성도 실시간 파악

4.2.2 영업 및 마케팅 최적화
- 영업 파이프라인 및 전환율 시각화
- 마케팅 채널별 ROI 및 고객 획득 비용 추적
- 제품/서비스별, 고객 세그먼트별 성과 분석

4.2.3 운영 효율성 향상
- 생산성, 품질, 납기 준수율 등 핵심 운영 지표 모니터링
- 재고 수준 및 회전율 최적화
- 프로세스 병목 및 낭비 요소 식별

4.2.4 고객 관계 강화
- 고객 만족도, NPS, 이탈률 등 고객 지표 추적
- 고객 세그먼트별 성과 및 수익성 분석
- 제품/서비스 품질 및 고객 경험 모니터링

4.2.5 리스크 관리 및 예측
- 주요 리스크 지표 조기 경보 시스템

- 시나리오 기반 예측 및 계획 수립
- 현금흐름 및 운전자본 관리 강화

Marketing Mix(4P, 7P, 4C)

1. 개념
마케팅 믹스는 기업이 목표 시장에서 원하는 마케팅 반응을 얻기 위해 활용할 수 있는 통제 가능한 전술적 마케팅 도구들의 집합이다. 이 프레임워크는 마케팅 전략을 실행 가능한 요소들로 체계화하여, 비즈니스가 고객 니즈를 충족시키고 경쟁 우위를 확보하는 데 도움을 준다. 마케팅 믹스는 시장 환경 변화에 맞춰 발전해왔으며, 4P에서 시작하여 7P와 고객 중심의 4C 개념으로 확장되었다.
마케팅 믹스 모델은 다음과 같다.

1.1 전통적 마케팅 믹스(4P)
제롬 맥카시 Jerome McCarthy가 1960년대에 개발한 모델로, 제품 중심적 관점의 마케팅 요소
- 제품(Product): 고객 니즈를 충족시키는 상품이나 서비스
- 가격(Price): 제품/서비스에 대한 화폐적 가치 설정
- 유통(Place): 제품을 고객에게 전달하는 경로와 방법
- 촉진(Promotion): 제품/서비스의 가치를 알리는 커뮤니케이션 활동

1.2 확장된 마케팅 믹스(7P)
보웬 부무와 크리스토퍼 러브록이 서비스 마케팅을 위해 확장한 모델
- 4P의 모든 요소 포함
- 사람(People): 서비스 제공에 관련된 모든 인적 요소
- 프로세스(Process): 서비스 전달 방식과 운영 절차
- 물리적 증거(Physical Evidence): 서비스의 가시적 표현 및 환경

1.3 고객 중심 마케팅 믹스(4C)
로버트 라우터본 Robert Lauterborn이 제안한 고객 관점의 모델
- 고객 가치(Customer Value): 제품(P) → 고객 문제 해결 및 가치 제공
- 비용(Cost): 가격(P) → 고객이 지불하는 총 비용(시간, 노력 포함)
- 편의성(Convenience): 유통(P) → 구매 및 사용의 용이성

- 소통(Communication): 촉진(P) → 쌍방향 소통 강조

2. 목적
- 일관된 마케팅 전략 실행: 마케팅 활동의 모든 요소를 조화롭게 통합
- 자원 최적화: 마케팅 자원의 효율적 배분 및 활용
- 차별화 전략 구현: 경쟁사와 차별화된 가치 제안 전달
- 고객 만족 극대화: 목표 고객의 니즈에 맞춘 최적의 마케팅 조합 개발
- 마케팅 성과 측정: 각 요소별 성과 평가 및 개선점 식별
- 전략적 유연성 확보: 시장 변화에 맞춰 믹스 요소들의 신속한 조정

3. 마케팅 믹스 사용 방법
3.1 상황 분석 및 목표 설정 단계
- 시장 및 고객 분석: 목표 고객의 니즈, 선호도, 행동 파악
- 경쟁 환경 분석: 경쟁사의 마케팅 믹스 전략 벤치마킹
- 내부 역량 평가: 자사의 강점, 약점, 자원 상황 평가
- 마케팅 목표 설정: 구체적, 측정 가능한 마케팅 목표 수립

3.2 4P/7P 전략 개발 단계
3.2.1 제품(Product) 전략
- 핵심 제품 정의: 고객 문제 해결 및 혜택 명확화
- 제품 구성 설계: 기능, 품질, 디자인, 브랜딩, 포장 등
- 제품 라인 관리: 제품 포트폴리오와 제품 수명주기 전략
- 차별화 요소 개발: 경쟁사 대비 독특한 가치 제안 수립

3.2.2 가격(Price) 전략
- 가격 목표 설정: 수익 극대화, 시장 점유율 확대, 경쟁 대응 등
- 가격 책정 방법: 원가 기반, 경쟁사 기반, 가치 기반 가격 책정
- 가격 전략 수립: 프리미엄, 침투, 스키밍, 가격 차별화 등
- 할인 및 프로모션 정책: 시즌, 물량, 고객 유형별 할인 정책

3.2.3 유통(Place) 전략
- 유통 채널 선정: 직접 판매, 소매, 도매, 온라인 등 채널 조합

- 유통 범위 결정: 집중, 선택적, 대중적 유통 전략
- 재고 및 물류 관리: 재고 수준, 배송 방법, 납기 관리
- 채널 관계 관리: 파트너십, 인센티브, 지원 프로그램

3.2.4 촉진(Promotion) 전략
- 촉진 목표 설정: 인지도 제고, 구매 유도, 충성도 강화 등
- 촉진 믹스 개발: 광고, PR, 판매촉진, 인적판매, 디지털 마케팅 등
- 메시지 전략: 핵심 메시지, 창의적 컨셉, 일관된 브랜드 스토리
- 미디어 전략: 타겟에 효과적인 미디어 채널 조합 및 일정

3.2.5 추가 3P(서비스 마케팅)
- 사람(People): 채용, 교육, 동기부여, 서비스 문화 구축
- 프로세스(Process): 서비스 블루프린트, 품질 관리, 효율성 개선
- 물리적 증거(Physical Evidence): 시설 디자인, 서비스 환경, 가시적 단서

3.2.6 4C 관점에서의 검토 단계
- 고객 가치(Customer Value): 제품이 실제로 고객 문제를 해결하는지
- 비용(Cost): 총 소유 비용이 고객에게 합리적인지
- 편의성(Convenience): 구매 과정이 고객에게 편리한지
- 소통(Communication): 양방향 소통 채널이 효과적인지

3.2.7 실행 및 평가 단계
- 통합적 실행 계획: 일관된 마케팅 믹스 구현 일정 및 자원 배분
- 성과 지표 설정: 각 마케팅 믹스 요소별 KPI 설정
- 모니터링 및 데이터 수집: 실행 결과 추적 및 데이터 분석
- 조정 및 최적화: 성과 분석 기반 마케팅 믹스 요소 지속 개선

4. 중소기업 CoachSulting에서의 마케팅 믹스 활용
4.1 중소기업 맞춤형 접근법
4.1.1 자원 효율성 중심 접근
- 제한된 예산 내에서 최대 효과를 낼 수 있는 마케팅 믹스 설계
- 단계적 실행 계획으로 초기 투자 부담 최소화
- 투자 대비 효과(ROI) 중심의 우선순위 설정

4.1.2 차별화 중심 전략

- 대기업과 직접 경쟁을 피한 틈새시장 중심 마케팅 믹스
- 특화된 제품/서비스와 개인화된 고객 경험 강조
- 지역 기반, 특수 고객층 대상의 맞춤형 접근법

4.1.3 실용적 실행 방안
- 복잡한 이론보다 즉시 실행 가능한 구체적 액션 플랜 제공
- 자체 실행 가능한 마케팅 도구와 템플릿 개발
- 소규모 테스트와 반복 학습 방식의 점진적 개선

4.2 활용 범위 및 효과
4.2.1 시장 진입 및 확장 전략
- 신규 사업 론칭을 위한 통합 마케팅 전략 수립
- 기존 제품의 신규 시장 진출 전략
- 틈새시장 발굴 및 특화 전략 개발

4.2.2 제품/서비스 개선 및 혁신
- 고객 피드백 기반 제품 개선 방향 도출
- 서비스 품질 향상을 위한 7P 분석 및 개선
- 제품 라인업 최적화 및 신제품 개발 방향 설정

4.2.3 가격 전략 최적화
- 수익성과 시장 점유율 균형을 위한 가격 전략
- 원가 구조 개선 및 가격 경쟁력 강화 방안
- 가치 기반 가격 책정을 통한 마진 개선

4.2.4 유통 및 판매 채널 확장
- 온/오프라인 채널 최적 조합 설계
- 비용 효율적인 물류 및 재고 관리 시스템 구축
- 신규 판매 채널 개발 및 기존 채널 효율화

4.2.5 마케팅 커뮤니케이션 강화
- 제한된 예산 내 효과적인 프로모션 믹스 개발
- 디지털 마케팅 중심의 비용 효율적 홍보 전략
- 고객 관계 관리 및 충성도 프로그램 설계

McKinsey 7S 조직역량 진단

1. 개념
McKinsey 7S 모델은 1970년대 말 맥킨지 컨설팅의 톰 피터스 Tom Peters, 로버트 워터맨 Robert Waterman, 줄리언 필립스 Julien Phillips에 의해 개발된 조직 분석 및 진단 프레임워크이다. 이 모델은 조직을 7개의 상호 연결된 요소(Shared Values, Strategy, Structure, Systems, Style, Staff, Skills)로 구성된 하나의 시스템으로 바라보며, 이들 요소 간의 일관성과 조화가 조직 효과성의 핵심이라는 관점을 제시한다. 7S 모델은 특히 하드 요소(Strategy, Structure, Systems)와 소프트 요소(Shared Values, Style, Staff, Skills)를 균형 있게 고려함으로써, 조직을 보다 총체적으로 이해하고 진단하는 데 기여한다. 단편적인 문제 해결이 아닌 조직 전체를 하나의 유기체로 이해하고 접근하는 데 매우 유용한 프레임워크를 제공한다. 특히 빠른 성장, 창업자에서 전문 경영 체제로의 전환, 세대 교체, 디지털 전환 등 중요한 전환점에서 조직의 모든 차원을 균형 있게 발전시키는 데 큰 도움이 된다. 7S 구성요소는 다음과 같다.

- 공유가치(Shared Values): 조직의 핵심 가치관, 기업 문화, 중심 신념
- 전략(Strategy): 조직의 목표 달성과 경쟁 우위 확보를 위한 계획과 접근법
- 구조(Structure): 조직의 형태, 부서 구성, 보고 체계, 의사결정 권한
- 시스템(Systems): 일상적 업무 수행을 위한 프로세스, 절차, 정보 시스템
- 스타일(Style): 리더십 방식, 관리 스타일, 조직 내 상호작용 패턴
- 구성원(Staff): 조직 구성원의 특성, 인력 구성, 인재 관리 방식
- 기술(Skills): 조직과 개인이 보유한 핵심 역량, 전문성, 차별화 능력

2. 목적
- 총체적 조직 진단: 조직의 모든 핵심 요소를 포괄적으로 분석
- 변화 관리 지원: 조직 변화 시 고려해야 할 모든 차원을 체계적으로 파악

- 조직 일관성 평가: 7가지 요소 간의 상호 정렬과 조화 정도 진단
- 성과 향상 기회 발견: 조직 효과성을 저해하는 불일치 영역 식별
- 전략 실행 강화: 전략의 성공적 실행을 위한 조직 역량 평가
- 통합적 문제 해결: 단편적 해결책이 아닌 전체 시스템 관점의 해결책 개발
- 조직 개발 방향 제시: 균형 잡힌 조직 발전을 위한 청사진 제공

3. McKinsey 7S 진단 방법

3.1 데이터 수집 및 현황 파악 단계

- 인터뷰 및 조사: 다양한 계층과 부서의 구성원 인터뷰
- 문서 검토: 전략 계획, 조직도, 프로세스 문서, 성과 데이터 등 검토
- 관찰: 회의, 업무 수행 방식, 상호작용 패턴 관찰
- 설문 조사: 7S 요소별 현황과 인식에 대한 구조화된 설문 실시
- 벤치마킹: 산업 내 모범 사례와 비교 분석

3.2 요소별 진단 및 분석 단계

3.2.1 공유가치(Shared Values) 진단
- 명시적/암묵적 핵심 가치의 존재 및 인식도
- 가치와 실제 행동 간의 일치도
- 가치가 의사결정과 행동에 미치는 영향력

3.2.2 전략(Strategy) 진단
- 명확하고 일관된 전략의 존재
- 환경 변화에 대한 전략의 적응성
- 전략의 차별화 정도와 실행 가능성

3.2.3 구조(Structure) 진단
- 조직 구조의 명확성과 효율성
- 권한과 책임의 적절한 배분
- 전략 실행을 지원하는 구조의 적합성

3.2.4 시스템(Systems) 진단
- 핵심 업무 프로세스의 효율성

- 정보 흐름과 의사결정 체계의 효과성
- 성과 관리 및 보상 시스템의 적절성

3.2.5 스타일(Style) 진단
- 리더십 스타일과 조직 문화의 특성
- 의사소통 패턴과 갈등 해결 방식
- 변화와 혁신에 대한 태도

3.2.6 구성원(Staff) 진단
- 인력 구성의 적절성과 역량 수준
- 인재 확보, 개발, 유지 체계
- 직원 참여도와 동기부여 수준

3.2.7 기술(Skills) 진단
- 조직의 핵심 역량과 차별화 능력
- 미래 성공에 필요한 역량과 현재 역량의 격차
- 학습과 역량 개발 문화

3.3 일관성 및 조화 분석 단계
- 요소 간 일관성 평가: 각 요소 간의 상호 지원과 보완 정도 분석
- 강점과 약점 식별: 각 요소와 요소 간 관계에서의 강점과 약점 파악
- 불일치 영역 파악: 조직 효과성을 저해하는 주요 불일치 영역 식별
- 변화 우선순위 설정: 개선이 필요한 영역의 우선순위 결정

3.4 개선 계획 수립 및 실행 단계
- 통합적 개선 방향 설정: 7S 전체의 조화를 고려한 개선 방향 수립
- 구체적 실행 계획 개발: 우선순위 영역별 세부 개선 계획 수립
- 변화 관리 전략 수립: 개선 과정에서의 저항 관리 및 지지 확보 전략
- 모니터링 및 평가 체계: 개선 진행 상황과 효과 측정 방법 설계

4. 중소기업 CoachSulting에서의 McKinsey 7S 활용

4.1 중소기업 맞춤형 접근법

4.1.1 실용적 간소화
- 복잡한 분석보다 현장 중심의 실용적 진단 접근

- 중소기업 상황에 맞는 간소화된 진단 도구와 프로세스
- 최소한의 데이터로 최대 통찰을 얻는 효율적 분석 방법

4.1.2 성장 단계별 맞춤화
- 창업, 성장, 성숙 등 기업 성장 단계별 7S 진단 초점 조정
- 현재 당면 과제와 연계된 요소에 우선 집중
- 다음 성장 단계 준비를 위한 선제적 역량 진단

4.1.3 경영자 중심 접근
- 경영자의 가치관과 스타일에 대한 깊은 이해 중시
- 경영자의 직접 참여를 통한 진단 및 개선 계획 수립
- 경영자가 주도할 수 있는 실행 가능한 개선 방안 제시

4.2 활용 범위 및 효과

4.2.1 조직 성장 관리
- 성장 병목 진단: 빠른 성장을 저해하는 조직 시스템 요소 식별
- 확장 준비도 평가: 사업 확장을 위한 조직 역량 진단
- 조직 구조 최적화: 규모 확대에 따른 적절한 조직 구조 재설계
- 경영 시스템 고도화: 창업자 의존적 경영에서 시스템 기반 경영으로 전환 지원

4.2.2 변화 관리 및 혁신
- 디지털 전환 준비: 디지털화를 위한 조직 역량과 준비도 평가
- 세대 교체 지원: 경영 승계 과정에서의 조직 안정성 확보 방안
- 사업 다각화 준비: 새로운 사업 영역 진출을 위한 조직 역량 진단
- 비즈니스 모델 혁신: 비즈니스 모델 변화에 따른 조직 재정렬 방안

4.2.3 성과 및 효율성 향상
- 조직 효율성 진단: 비효율적 업무 프로세스와 시스템 식별
- 의사결정 체계 개선: 신속하고 효과적인 의사결정을 위한 구조 및 시스템 개선
- 인적 자원 최적화: 제한된 인력의 효과적 활용 방안 개발
- 리더십 효과성 강화: 조직 성과를 최대화하는 리더십 스타일 개발

4.2.4 문화 및 인재 관리

- 기업 문화 진단: 성장을 촉진하거나 저해하는 문화적 요소 식별
- 핵심 역량 개발: 미래 경쟁력을 위한 조직 및 개인 역량 강화 방안
- 인재 확보 전략: 우수 인재 유치 및 유지를 위한 조직 매력도 향상
- 구성원 참여 증진: 직원 몰입과 헌신을 높이는 조직 환경 조성

4.2.5 외부 환경 적응력 강화

- 시장 변화 대응력: 급변하는 시장 환경에 신속하게 적응할 수 있는 조직 역량 진단
- 위기 대응 체계: 외부 충격에 효과적으로 대응할 수 있는 조직 회복력 평가
- 경쟁 우위 강화: 지속가능한 경쟁 우위를 위한 조직 차별화 요소 발굴
- 파트너십 역량: 외부 협력을 통한 성장을 위한 조직 준비도 평가

MVP(최소기능제품) 테스트

1. 개념
MVP(Minimum Viable Product, 최소기능제품)는 제품 개발 과정에서 핵심 기능만을 구현하여 최소한의 자원으로 빠르게 시장에 출시하는 제품 또는 서비스를 의미한다. 에릭 리스 Eric Ries가 '린 스타트업(Lean Startup)' 방법론에서 제안한 이 개념은 완전한 기능을 갖춘 제품을 개발하기 전에 핵심 가치 제안을 검증하고 고객 피드백을 수집하는 데 중점을 둔다. MVP 테스트는 이러한 MVP를 실제 시장에 출시하고 사용자 반응을 측정함으로써 사업 가설을 검증하는 프로세스이다. MVP의 핵심 특성은 다음과 같다.

- 최소성(Minimum): 필수적인 핵심 기능만 포함
- 실행 가능성(Viable): 고객에게 실제 가치를 제공할 수 있는 수준
- 제품성(Product): 실제 사용 가능한 제품/서비스 형태
- 학습 지향성: 시장 검증과 고객 학습에 초점

2. 목적
- 가설 검증: 사업 아이디어와 핵심 가치 제안에 대한 시장 검증
- 리스크 감소: 대규모 개발 전 시장 적합성을 검증하여 실패 비용 최소화
- 개발 비용 절감: 불필요한 기능 개발에 낭비되는 자원 절약
- 고객 발견: 초기 얼리어답터 확보 및 실제 사용자 니즈 파악
- 피드백 기반 개선: 실제 사용자 피드백을 통한 반복적 개선
- 빠른 시장 진입: 경쟁사보다 먼저 시장에 진입하여 학습 우위 확보
- 투자 유치 지원: 실제 시장 데이터로 사업 가능성 입증

3. MVP 테스트 사용 방법
3.1 준비 및 계획 단계
3.1.1 가설 정의
- 핵심 고객 가치 제안과 비즈니스 모델 가설 명확화

- 검증이 필요한 핵심 질문 리스트업(고객 니즈, 지불 의향, 사용성 등)

3.1.2 목표 지표 설정
- 성공 기준과 핵심 지표(KPI) 선정
- 측정 방법 및 도구 결정

3.1.3 MVP 범위 설정
- 핵심 기능 식별 및 우선순위화
- "필수적(Must-have)" vs "선택적(Nice-to-have)" 기능 구분

3.1.4 테스트 계획 수립
- 테스트 대상자 선정 및 접근 방법
- 테스트 기간, 피드백 수집 방법 결정

3.2 MVP 설계 및 개발 단계
3.2.1 핵심 기능 중심 설계
- 고객 여정 맵핑으로 핵심 사용자 경험 식별
- 필수 기능만 포함한 심플한 설계

3.2.2 신속한 개발 방식 적용
- 애자일/스크럼 방법론 활용
- 재사용 가능한 구성요소, 오픈소스 활용 고려

3.2.3 MVP 유형 선택
- 완전한 제품형 MVP: 핵심 기능만 갖춘 실제 제품
- 컨시어지 MVP: 자동화 전 수동 프로세스로 구현
- Wizard of Oz MVP: 백엔드는 수동, 프론트엔드만 자동화
- 랜딩 페이지 MVP: 제품 컨셉과 가치 제안만 소개하는 웹페이지
- 종이 프로토타입/목업: 실제 개발 없이 시각화한 제품 모형

3.3 테스트 실행 및 데이터 수집 단계
3.3.1 MVP 출시/테스트
- 선별된 고객 그룹에 MVP 제공
- 최소한의 마케팅으로 초기 사용자 유치

3.3.2 사용자 행동 관찰

- 실제 사용 패턴 모니터링
- 사용자 여정 추적 및 병목 지점 파악

3.3.3 정량적/정성적 데이터 수집
- 정량적 지표: 사용률, 재방문율, 전환율, NPS 등
- 정성적 피드백: 사용자 인터뷰, 설문조사, 피드백 세션

3.4.4 A/B 테스트 적용
- 핵심 가설에 대한 다양한 버전 테스트
- 고객 반응 차이 측정

3.4 분석 및 학습 단계
3.4.1 데이터 분석
- 수집된 정량적/정성적 데이터 통합 분석
- 패턴 및 인사이트 도출

3.4.2 가설 검증
- 초기 사업 가설 대비 실제 결과 평가
- 성공/실패 요인 분석

3.4.3 피벗 또는 지속 결정
- 학습 기반 제품 개선 방향 결정
- 필요시 비즈니스 모델 피벗(전환) 고려

3.5 반복 및 최적화 단계
3.5.1 피드백 기반 개선
- 사용자 피드백 우선순위화
- MVP 업데이트 또는 다음 버전 계획

3.5.2 빌드-측정-학습 사이클 반복
- 개선된 가설로 새 MVP 테스트
- 지속적인 학습과 최적화

3.5.3 제품 로드맵 조정
- 검증된 학습을 바탕으로 장기 로드맵 재설계
- 자원 배분 최적화

4. 중소기업 CoachSulting에서의 MVP 테스트 활용

4.1 중소기업 맞춤형 접근법

4.1.1 자원 효율적 MVP 구현
- 최소 예산으로 실행 가능한 MVP 설계
- 기존 자원과 역량을 활용한 간소화된 테스트 방법
- 외부 도구/플랫폼 활용으로 개발 비용 최소화

4.1.2 단계적 테스트 확장
- 내부 테스트 → 우호적 고객 → 일반 시장 순 점진적 확대
- 초기 피드백 기반 개선 후 테스트 범위 확장
- 검증된 결과에 따른 단계별 투자 확대

4.1.3 실행 중심 방법론
- 복잡한 분석보다 실행과 학습에 초점
- 빠른 의사결정을 위한 간소화된 지표 활용
- 경영진이 직접 고객 피드백을 접할 수 있는 체계 구축

4.2 활용 범위 및 효과

4.2.1 신제품/서비스 개발
- 시장 출시 전 제품-시장 적합성(Product-Market Fit) 검증
- 고객 니즈 기반 제품 우선순위 설정
- 제품 개발 리스크와 비용 절감

4.2.2 비즈니스 모델 혁신
- 새로운 수익 모델 검증
- 가격 전략 및 고객 지불 의향 테스트
- 차별화된 가치 제안 발굴

4.2.3 시장 진입 전략
- 신규 시장 진입 시 고객 반응 선행 검증
- 틈새시장 발굴 및 타겟 고객 세분화
- 경쟁 차별화 요소 검증

4.2.4 디지털 전환 가속화
- 디지털 서비스/플랫폼 단계적 구현

- 온라인 채널 확장 전략 테스트
- 디지털 고객 경험 최적화

4.2.5 조직 문화 혁신
- 실험 및 학습 중심의 조직 문화 구축
- 데이터 기반 의사결정 역량 강화
- 애자일/린 방법론 도입을 통한 조직 민첩성 향상

NGT(명목집단기법)

1. 개념
NGT(Nominal Group Technique, 명목집단기법)는 1960년대 앤드류 델벡 Andre Delbecq과 앤드류 반데벤 Andrew Van de Ven이 개발한 구조화된 그룹 사고 및 아이디어 도출 방법론이다. 이 기법은 개인의 독립적 사고와 집단의 상호작용 장점을 결합하여, 모든 참여자의 의견이 균등하게 수렴되는 구조화된 체계적인 접근법을 제공한다. NGT는 '명목적(Nominal)'이라는 용어가 시사하듯 참가자들이 물리적으로 한 자리에 모이지만, 처음에는 독립적으로 아이디어를 생성하고 이후 구조화된 방식으로 토론하는 특징을 가진다.

2. 목적
- 균등한 참여 보장: 지위, 성격, 영향력에 관계없이 모든 참여자의 의견 수렴
- 그룹 사고(Group Think) 방지: 독립적 사고를 통한 다양한 관점과 아이디어 확보
- 효율적 합의 도출: 체계적 과정을 통한 신속하고 효과적인 그룹 합의 형성
- 의사결정 품질 향상: 다양한 관점과 객관적 평가를 통한 의사결정 개선
- 갈등 최소화: 건설적 방식의 의견 교환으로 대인 갈등 감소
- 참여 촉진: 소극적인 구성원도 의견을 제시할 수 있는 안전한 환경 조성
- 아이디어 우선순위화: 체계적 방법을 통한 최적 대안 선정
- 구체적 실행 계획 수립: 합의된 아이디어를 바탕으로 한 액션 플랜 개발

3. NGT 진행 방법
3.1 준비 단계
- 목적 명확화: 세션의 구체적 목표와 기대 결과물 설정
- 참가자 선정: 다양한 관점과 전문성을 가진 5~9명 이상적인 참가자 구성
- 환경 설정: 모든 참가자가 서로 볼 수 있는 U자형 또는 원형 테이블 배치

- 자료 준비: 개인 메모지, 플립차트, 투표용 카드, 마커 등 필요 자료 준비
- 질문 설계: 세션의 초점이 될 명확하고 개방적인 핵심 질문 개발

3.2 아이디어 생성 단계
- 질문 제시: 진행자가 명확하게 정의된 질문이나 문제를 참가자들에게 제시
- 개별 아이디어 작성: 참가자들이 침묵 속에서 개별적으로 자신의 아이디어를 메모
- 시간 제한 설정: 일반적으로 5~10분 정도의 충분한 생각 시간 부여
- 질문 명확화: 필요시 질문의 의미나 범위에 대한 추가 설명 제공
- 독립적 사고 강조: 이 단계에서는 토론이나 의견 교환 없이 개인 생각에 집중

3.3 아이디어 공유 단계
- 라운드 로빈 수집: 각 참가자가 돌아가며 한 번에 하나의 아이디어 발표
- 플립차트 기록: 진행자가 제시된 아이디어를 모든 사람이 볼 수 있게 기록
- 판단 유보: 이 단계에서는 제시된 아이디어에 대한 평가나 비판 자제
- 중복 허용: 유사한 아이디어도 참가자가 표현한 그대로 기록
- 전체 공유 완료: 모든 참가자의 아이디어가 소진될 때까지 계속 진행

3.4 아이디어 명확화 단계
- 순차적 검토: 기록된 각 아이디어를 순서대로 검토
- 질의응답: 이해가 필요한 아이디어에 대한 질문과 설명 교환
- 통합 및 분류: 유사한 아이디어 통합 또는 범주화 가능
- 중립적 진행: 진행자는 중립적 입장에서 모든 아이디어가 공정하게 다뤄지도록 조정
- 명확성 확보: 모든 참가자가 각 아이디어의 의미를 정확히 이해하도록 보장

3.5 우선순위 결정 단계
- 투표 기준 설정: 우선순위 결정을 위한 명확한 평가 기준 합의
- 개별 순위 매김: 각 참가자가 독립적으로 아이디어에 순위나 점수 부여
- 투표 방식 적용: 다양한 방식(순위 매기기, 점수 배분, 다중 투표((n-1)/2)

등) 활용 가능
- 결과 집계: 모든 참가자의 투표 결과를 합산하여 최종 순위 도출
- 결과 검토: 최종 순위와 점수를 검토하고 필요시 논의

3.6 실행 계획 수립 단계
- 최종 결과 확인: 우선순위가 결정된 아이디어 리스트 확인
- 액션 플랜 개발: 선정된 최우선 아이디어에 대한 구체적 실행 계획 수립
- 책임 할당: 실행 항목별 담당자와 일정 지정
- 후속 일정 합의: 진행 상황 점검을 위한 후속 미팅 일정 설정
- 결과 문서화: 전체 과정과 결과에 대한 문서화 및 공유

4. 중소기업 CoachSulting에서의 NGT 활용
4.1 중소기업 맞춤형 접근법
4.1.1 시간 효율적 적용
- 중소기업의 시간 제약을 고려한 압축된 NGT 프로세스 설계
- 핵심 단계에 집중한 1~2시간 내 완료 가능한 세션 구성
- 사전 준비를 통한 세션 효율성 극대화

4.1.2 참여 문화 촉진
- 수평적 소통 문화 형성을 위한 NGT 활용
- 경영진과 직원 간 위계 장벽을 넘는 소통 채널 구축
- 다양한 직급과 부서의 균형 잡힌 참여 유도

4.1.3 실행 중심 접근
- 논의에서 그치지 않는 실질적 실행 계획 연계 강조
- 즉시 실행 가능한 아이디어 우선 선별
- 지속적 모니터링과 피드백 메커니즘 구축

4.2 활용 범위 및 효과
4.2.1 전략 및 비전 수립
- 중장기 전략 개발: 회사의 미래 방향과 전략적 우선순위 설정
- 비전/미션 구체화: 조직의 핵심 가치와 목표 정의
- SWOT 분석 심화: 강점, 약점, 기회, 위협 요소의 체계적 도출과 우선순

위화
- 사업 확장 검토: 신규 사업 진출이나 다각화 방향 결정

4.2.2 문제 해결 및 혁신
- 품질 개선: 품질 문제 원인 파악 및 개선 방안 도출
- 프로세스 최적화: 업무 프로세스 비효율 요소 식별 및 개선책 개발
- 비용 절감: 효과적인 비용 절감 방안 도출 및 우선순위 설정
- 혁신 아이디어 발굴: 제품, 서비스, 비즈니스 모델 혁신 아이디어 창출

4.2.3 조직 개발 및 인사 관리
- 조직 구조 개선: 효율적 조직 구조 설계를 위한 대안 평가
- 인재 유치/유지 전략: 핵심 인재 확보 및 유지를 위한 방안 도출
- 기업 문화 강화: 바람직한 조직 문화 요소 정의 및 실행 방안 수립
- 교육 훈련 니즈 파악: 구성원 역량 개발을 위한 우선 교육 영역 식별

4.2.4 마케팅 및 고객 관리
- 시장 진입 전략: 신규 시장 진입을 위한 최적 접근법 도출
- 마케팅 메시지 개발: 핵심 가치 제안 및 차별화 요소 정의
- 고객 만족 향상: 고객 경험 개선을 위한 우선 과제 선정
- 브랜드 포지셔닝: 효과적인 브랜드 포지셔닝 요소 정의

4.2.5 변화 관리 및 위기 대응
- 변화 저항 극복: 변화 이니셔티브에 대한 저항 요인 파악 및 대응 방안
- 위기 대응 계획: 잠재적 위기 상황 식별 및 대응 전략 수립
- 갈등 해결: 조직 내 갈등 요소 및 해소 방안 모색
- 리스크 관리: 주요 비즈니스 리스크 식별 및 대응 우선순위 설정

OKR(Objectives & Key Results)

1. 개념
OKR(Objectives and Key Results)은 앤디 그로브 Andy Grove가 인텔에서 개발하고 존 도어 John Doerr가 구글에 소개하여 널리 알려진 목표 설정 및 성과 관리 프레임워크이다. 이 방법론은 조직의 목표(Objectives)와 이를 달성하기 위한 측정 가능한 핵심 결과(Key Results)를 명확히 정의하고 연계하는 체계를 제공한다. OKR은 '무엇을 달성할 것인가(Objectives)'와 '어떻게 성공을 측정할 것인가(Key Results)'를 분리하여 목표 설정과 성과 측정의 명확성을 높이다.
주요 구성 요소는 다음과 같다.

1.1 목표(Objectives)
- 달성하고자 하는 명확하고 영감을 주는 정성적 목표
- 도전적이고 야심찬 방향성 제시
- 간결하고 기억하기 쉬운 표현

1.2 핵심 결과(Key Results)
- 목표 달성 여부를 측정할 수 있는 정량적 지표
- 보통 각 목표당 3~5개의 핵심 결과 설정
- 숫자로 측정 가능하고 시간 제한이 있는 형태

2. 목적
- 명확한 방향성 제시: 조직의 모든 수준에서 우선순위와 방향성 명확화
- 정렬과 집중: 전사적으로 중요한 목표에 자원과 노력 집중
- 투명성 증진: 목표와 진행 상황을 조직 전체에 공개하여 투명성 확보
- 자율성과 책임 강화: 목표 설정과 달성 방법에 있어 팀과 개인의 자율성 부여
- 애자일한 성과 관리: 빠른 주기(보통 분기별)로 목표를 설정하고 검토하는 민첩한 접근법

- 도전과 혁신 장려: 달성 가능성 70% 정도의 도전적 목표(스트레치 목표) 설정

3. OKR 사용 방법
3.1 준비 및 도입 단계
- 리더십 이해와 지원 확보: 경영진의 OKR 이해와 지원 확보
- OKR 챔피언 선정: 조직 내 OKR 추진 담당자 지정
- 파일럿 프로젝트: 전체 도입 전 소규모 팀이나 부서에서 시범 적용
- 교육 및 워크숍: 구성원들에게 OKR 개념과 작성법 교육

3.2 목표 설정 단계
- 회사 OKR 수립: 조직의 비전과 전략에 기반한 최상위 OKR 설정
- 부서/팀 OKR 연계: 회사 OKR과 연계된 부서/팀 수준의 OKR 개발
- 개인 OKR 설정: 팀 OKR에 기여하는 개인 OKR 수립
- 상향식-하향식 균형: 경영진의 방향 제시(하향식)와 구성원 참여(상향식) 균형

3.3 핵심 결과 설정 가이드라인
- 측정 가능성: 모든 핵심 결과는 객관적으로 측정 가능해야 함
- 도전적 목표: 달성 가능성 약 70% 수준의 스트레치 목표 설정
- 결과 중심: 활동이 아닌 결과에 초점을 맞춘 지표 선정
- 영향력 중심: 비즈니스에 실질적 영향을 미치는 결과 선택
- 3-5개 제한: 각 목표당 핵심 결과를 3~5개로 제한하여 집중 유도

3.4 실행 및 관리 단계
- 주간 체크인: 진행 상황을 정기적으로 검토하고 장애 요소 해결
- 투명한 공유: OKR 대시보드 등을 통해 전사적으로 진행 상황 공유
- 중간 점검 및 조정: 필요시 핵심 결과 조정 (목표는 가급적 유지)
- 성취도 평가: 주기 종료 시 0~1.0 척도로 성취도 자체 평가

3.5 회고 및 개선 단계
- 결과 분석: 달성/미달성 원인 분석 및 교훈 도출
- 다음 주기 계획: 배운 점을 바탕으로 다음 주기 OKR 개선
- 성공 사례 공유: 효과적인 OKR 사례 조직 내 공유

- 지속적 개선: OKR 프로세스 자체의 개선점 파악 및 적용

4. 중소기업 CoachSulting에서의 OKR 활용
4.1 중소기업 맞춤형 접근법
4.1.1 간소화된 프로세스
- 복잡한 형식보다 핵심 원칙에 충실한 단순한 접근법
- 초기에는 회사와 부서 수준 OKR에 집중
- 관리 부담을 최소화한 효율적 체계 구축

4.1.2 실행 중심 설계
- 실질적 비즈니스 성과에 직접 연결되는 OKR 설계
- 빠른 성과를 창출할 수 있는 영역 우선 적용
- 중소기업의 민첩성을 활용한 빠른 실행-학습 사이클

4.1.3 경영자 주도 접근
- 경영자의 명확한 비전과 우선순위 반영
- 경영진이 OKR 실행의 롤모델 역할 수행
- 중소기업 특유의 빠른 의사결정 활용

4.2 활용 범위 및 효과
4.2.1 성장 전략 실행
- 중소기업의 성장 목표를 구체적 행동으로 변환
- 제한된 자원을 핵심 성장 동력에 집중 배분
- 성장 과정의 체계적 모니터링 및 관리

4.2.2 조직 역량 강화
- 체계적 목표 관리 역량 개발
- 데이터 기반 의사결정 문화 조성
- 성과 지향적 문화와 책임감 강화

4.2.3 운영 효율성 향상
- 운영 프로세스의 핵심 병목 현상 개선
- 낭비 요소 제거와 효율성 증대에 집중
- 제한된 자원의 최적 활용 촉진

4.2.4 시장 대응력 강화
- 시장 변화에 빠르게 적응하는 민첩성 확보
- 고객 피드백 기반 제품/서비스 개선
- 경쟁 우위 확보를 위한 차별화 요소 개발

4.2.5 투자 유치 및 확장
- 명확한 성장 목표와 측정 체계로 투자자 신뢰 구축
- 체계적 사업 계획 수립 및 실행 증명
- 확장 과정의 체계적 관리 역량 입증

Pareto(80/20 법칙) 분석

1. 개념
파레토 분석(Pareto Analysis)은 이탈리아 경제학자 빌프레도 파레토 Vilfredo Pareto가 발견한 법칙에 기반한 분석 도구로, 흔히 '80/20 법칙'이라고도 불린다. 이 법칙은 많은 상황에서 결과의 약 80%가 원인의 약 20%에서 비롯된다는 불균형 원리를 나타낸다. 예를 들어, 기업 매출의 80%가 20%의 핵심 고객에서 발생하거나, 문제의 80%가 20%의 원인에서 비롯되는 현상을 설명한다. 파레토 분석은 이러한 중요 소수(Vital Few)와 사소한 다수(Trivial Many)를 식별하여 자원과 노력을 효과적으로 집중할 수 있게 해주는 강력한 우선순위 설정 도구이다. 제한된 자원을 최대한 효과적으로 활용하고 빠른 성과 개선을 이루는 데 매우 유용한다. 조직의 자원과 노력을 가장 큰 영향을 미치는 영역에 집중할 수 있다. 주요 특징은 다음과 같다.

- 불균형 법칙: 투입과 산출 간의 비선형적 관계 인식
- 우선순위 식별: 가장 큰 영향을 미치는 핵심 요소 파악
- 시각적 표현: 파레토 차트를 통한 직관적 데이터 시각화
- 정량적 접근: 데이터 기반의 객관적 의사결정 지원
- 보편적 적용성: 다양한 비즈니스 영역과 문제에 광범위하게 적용 가능

2. 목적
- 자원 최적화: 제한된 자원을 최대 효과를 낼 수 있는 영역에 집중
- 문제 해결 효율화: 문제의 핵심 원인에 집중하여 해결 효율성 제고
- 의사결정 개선: 데이터 기반의 객관적 우선순위 설정으로 의사결정 품질 향상
- 성과 극대화: 가장 큰 영향을 미치는 요소에 집중하여 성과 극대화
- 복잡성 감소: 복잡한 문제를 관리 가능한 우선순위로 단순화
- 시간 및 비용 절감: 효율적 자원 배분을 통한 시간과 비용 절감

3. 파레토 분석 방법
3.1 준비 및 데이터 수집 단계
- 분석 목적 정의: 해결하고자 하는 문제나 개선 목표 명확화
- 측정 범주 설정: 분석할 범주나 요소 정의(예: 불량 유형, 고객 유형, 매출 제품)
- 데이터 수집: 각 범주별 발생 빈도, 비용, 영향 등의 정량적 데이터 수집
- 측정 기간 설정: 분석에 적합한 기간 설정(충분한 대표성 확보)

3.2 데이터 분석 및 시각화 단계
3.2.1 데이터 정렬
- 수집된 데이터를 크기(빈도, 금액 등)에 따라 내림차순 정렬

3.2.2 누적 합계 및 비율 계산
- 각 항목의 누적 합계와 전체 대비 비율 계산

3.2.3 파레토 차트 작성
- 막대 그래프: 각 범주를 내림차순으로 표시
- 누적 선 그래프: 누적 비율을 표시하는 선 추가
- 80% 기준선: 일반적으로 80% 누적 지점에 기준선 표시

3.3 분석 및 해석 단계
- 핵심 요소 식별: 누적 80%에 해당하는 요소들을 핵심 요소로 식별
- 원인 분석: 핵심 요소의 근본 원인 탐색(5 Why, 특성요인도 등 활용)
- 우선순위 설정: 영향력, 해결 용이성, 자원 요구 등을 고려한 우선순위 결정
- 영향 평가: 핵심 요소 개선 시 예상되는 전체 성과 개선 정도 예측

3.4 실행 및 모니터링 단계
- 개선 계획 수립: 핵심 요소 개선을 위한 구체적 실행 계획 수립
- 자원 배분: 우선순위에 따라 자원(시간, 인력, 예산) 배분
- 실행 및 추적: 개선 활동 실행 및 성과 지속 모니터링
- 결과 검증: 개선 활동 후 파레토 분석 재실시로 변화 검증

4. 중소기업 CoachSulting에서의 파레토 분석 활용

4.1 중소기업 맞춤형 접근법

4.1.1 실용적 간소화
- 간단한 데이터 수집 방법으로 즉시 적용 가능한 형태 제공
- 엑셀 템플릿이나 간편 도구를 활용한 분석 부담 최소화
- 빠른 결과 도출과 즉각적인 실행에 중점

4.1.2 경영자 중심 활용
- 경영자의 직관을 데이터로 검증하고 보완하는 접근
- 의사결정 권한이 집중된 중소기업 특성을 고려한 빠른 의사결정 지원
- 경영자가 직접 이해하고 활용할 수 있는 직관적 도구로 제공

4.1.3 자원 제약 극복
- 제한된 자원의 효율적 배분을 위한 명확한 우선순위 제시
- 최소 투입으로 최대 효과를 낼 수 있는 영역 식별
- 단계적 접근을 통한 점진적 개선 로드맵 제공

4.2 활용 범위 및 효과

4.2.1 영업 및 마케팅 최적화
- 고객 집중 전략: 핵심 20% 고객 식별 및 집중 관리 전략 수립
- 제품 포트폴리오 최적화: 매출/이익 기여도 기반 제품 전략 수립
- 마케팅 ROI 개선: 가장 효과적인 마케팅 채널과 활동 식별

4.2.2 운영 및 품질 개선
- 불량 원인 분석: 80%의 불량을 유발하는 20%의 핵심 원인 파악
- 재고 관리 최적화: 재고 가치의 80%를 차지하는 핵심 품목 관리 강화
- 생산성 향상: 생산 지연의 주요 원인 식별 및 집중 개선

4.2.3 비용 절감 및 효율화
- 비용 구조 분석: 주요 비용 발생 요인 파악 및 절감 전략 수립
- 낭비 요소 제거: 자원 낭비의 핵심 원인 식별 및 개선
- 업무 효율화: 시간 소모가 큰 핵심 업무 프로세스 개선

4.2.4 고객 서비스 향상
- 고객 불만 분석: 고객 불만의 핵심 원인 식별 및 중점 개선

- 서비스 품질 강화: 고객 만족에 가장 큰 영향을 미치는 요소 집중 관리
- 고객 유지 전략: 고객 이탈의 주요 원인 파악 및 대응 전략 수립

4.2.5 인적 자원 관리

- 교육 훈련 최적화: 핵심 역량 격차 식별 및 우선 교육 영역 선정
- 성과 관리: 성과 창출에 가장 큰 기여를 하는 활동 및 인력 식별
- 업무 분배: 효과적인 업무 우선순위 설정 및 배분

PDCA 개선 사이클 워크시트

1. 개념
PDCA 개선 사이클 워크시트는 계획(Plan), 실행(Do), 확인(Check), 조치(Act)로 구성된 데밍 사이클(Deming Cycle)을 체계적으로 실행하기 위한 구조화된 문서 도구이다. 이 워크시트는 지속적 개선 프로세스를 가시화하고 문서화하여 체계적인 문제 해결과 개선 활동을 지원한다. 각 단계별 핵심 활동, 책임자, 일정, 결과 등을 명확히 기록하고 추적할 수 있도록 설계되어, 개선 활동의 효율성과 효과성을 높이는 실무적 도구로 활용된다. 일상 업무에서 지속적 개선을 실천할 수 있는 실용적인 프레임워크를 제공하며, 특히 현장 중심의 개선 활동과 팀 기반 문제 해결을 촉진하는 데 큰 도움이 된다. 주요 구성요소는 다음과 같다.

- 계획(Plan) 섹션: 문제 정의, 목표 설정, 원인 분석, 개선 계획 수립
- 실행(Do) 섹션: 개선 활동 실행 내용, 담당자, 일정, 자원 배분
- 확인(Check) 섹션: 결과 측정, 목표 달성도 평가, 효과 분석
- 조치(Act) 섹션: 표준화 방안, 후속 개선 사항, 학습 내용
- 지원 문서: 데이터 수집 양식, 원인 분석 도구, 실행 계획표, 모니터링 차트 등

2. 목적
- 체계적 개선 관리: 개선 활동의 전 과정을 체계적으로 관리하고 문서화
- 지식 공유 및 축적: 문제 해결 경험과 지식의 조직적 축적 및 공유
- 효과적 자원 배분: 제한된 개선 자원의 효율적 배분 및 활용
- 책임 명확화: 각 단계별 책임과 일정의 명확한 할당
- 결과 검증: 개선 활동의 효과성에 대한 객관적 검증
- 지속가능한 개선: 일회성이 아닌 지속적 개선 사이클 촉진
- 의사소통 촉진: 개선 활동에 대한 팀 내 효과적 의사소통 지원

3. PDCA 워크시트 구성 및 사용 방법

3.1 계획(Plan) 단계 워크시트

3.1.1 주요 구성 항목

① 문제 정의/개선 기회 섹션
- 현재 상태 설명 및 문제점 정의
- 문제의 영향 및 중요성
- 개선 필요성 및 기대 효과

② 목표 설정 섹션
- SMART 원칙에 따른 구체적 목표
- 정량적 성과 지표(KPI) 및 목표치
- 기준선(Baseline) 데이터

③ 원인 분석 섹션
- 잠재적 원인 목록
- 분석 도구 사용 결과(특성요인도, 5-Why 등)
- 핵심 원인 식별 및 검증

④ 개선 계획 섹션
- 세부 실행 항목 목록
- 책임자 및 참여자 지정
- 일정 계획 및 마일스톤
- 필요 자원 및 예산

3.1.2 작성 지침
- 문제를 명확하고 구체적으로 정의
- 증상이 아닌 근본 원인에 집중
- 측정 가능한 목표와 기준 설정
- 현실적이고 구체적인 실행 계획 수립

3.2 실행(Do) 단계 워크시트

3.2.1 주요 구성 항목

① 실행 진행 현황 트래킹
- 계획 대비 진행 상황

- 일정 준수 여부
- 완료된 활동과 남은 활동

② 중간 점검 기록
- 단계별 중간 확인 결과
- 발생 문제 및 대응 내용

③ 자원 활용 현황
- 인력, 시간, 예산 등 자원 투입 상황
- 추가 자원 필요 사항

④ 조정 및 변경 사항
- 초기 계획 대비 변경 내용
- 변경 사유 및 승인 정보

3.2.2 작성 지침
- 실제 진행 상황을 정확하게 기록
- 계획과의 차이 발생 시 명확히 문서화
- 예상치 못한 상황이나 방해 요소 기록
- 실행 과정의 교훈과 배움 기록

3.3 확인(Check) 단계 워크시트
3.3.1 주요 구성 항목
① 데이터 수집 및 측정 결과
- 성과 지표 측정 데이터
- 개선 전/후 비교 분석

② 목표 달성도 평가
- 설정 목표 대비 달성 수준
- 미달성 항목 및 원인 분석

③ 효과성 분석
- 개선 활동의 전반적 효과 평가
- 예상치 못한 결과 또는 부작용

④ 프로세스 분석
- 개선 프로세스 자체의 효율성 평가

- 개선 방법의 적절성 검토

3.3.2 작성 지침
- 객관적 데이터에 기반한 평가 실시
- 목표 대비 결과 정직하게 평가
- 정량적/정성적 효과 모두 고려
- 개선 과정에서의 학습 내용 정리

3.4 조치(Act) 단계 워크시트
3.4.1 주요 구성 항목
① 표준화 계획
- 성공적 개선사항의 표준화 방안
- 문서, 절차, 교육 등 표준화 활동

② 미해결 문제 관리
- 남은 문제점 목록
- 후속 개선 계획

③ 학습 및 공유
- 주요 교훈 및 배움
- 지식 공유 방안

④ 후속 PDCA 계획
- 다음 개선 사이클 주제
- 확대 적용 가능 영역

3.4.2 작성 지침
- 성공적 요소의 명확한 표준화 방안 수립
- 미해결 문제에 대한 솔직한 평가
- 프로세스 개선을 위한 제안 구체화
- 지식과 경험의 공유 방안 포함

4. 중소기업 CoachSulting에서의 PDCA 워크시트 활용
4.1 중소기업 맞춤형 접근법
4.1.1 실용적 간소화

- 핵심 항목 중심의 간소화된 워크시트 설계
- 현장에서 즉시 활용 가능한 템플릿 제공
- 불필요한 문서 작업 최소화

4.1.2 현장 중심 적용
- 현장 직원들이 쉽게 이해하고 작성할 수 있는 포맷
- 직관적인 시각적 요소 활용(차트, 아이콘 등)
- 현장 상황에 맞게 유연하게 조정 가능한 구조

4.1.3 단계적 역량 강화
- 기본 버전에서 시작하여 역량에 따라 고도화
- 성공 경험 축적을 통한 PDCA 역량 점진적 강화
- 팀별/부서별 자율적 활용 촉진

4.2 활용 범위 및 효과
4.2.1 프로세스 개선
- 제조 프로세스 최적화: 생산성, 품질, 리드타임 개선
- 서비스 프로세스 개선: 고객 응대, 서비스 제공 프로세스 효율화
- 사무 프로세스 간소화: 행정, 문서 처리, 승인 프로세스 등 개선
- 공급망 프로세스 개선: 구매, 재고, 물류 프로세스 최적화

4.2.2 품질 향상 및 문제 해결
- 품질 결함 감소: 반복적 품질 문제의 체계적 해결
- 불량률 개선: 만성적 불량 원인 분석 및 개선
- 고객 불만 해결: 고객 불만 사항의 근본 원인 제거
- 제품/서비스 개선: 고객 니즈 기반 제품/서비스 품질 개선

4.2.3 비용 절감 및 효율성 향상
- 원가 절감: 낭비 요소 제거 및 비용 구조 개선
- 에너지 효율 향상: 에너지 사용 최적화 및 비용 절감
- 자원 활용 최적화: 인력, 장비, 공간 등 자원 활용 효율 증대
- 낭비 제거: 7대 낭비(과잉생산, 대기, 운반 등) 식별 및 제거

4.2.4 조직 역량 강화
- 문제 해결 역량 개발: 직원들의 체계적 문제 해결 능력 향상

- 팀워크 증진: 부서 간 협업 및 커뮤니케이션 강화
- 데이터 기반 의사결정: 객관적 데이터 활용 문화 조성
- 지속적 개선 문화: 조직 전반의 개선 마인드셋 구축

4.2.5 안전 및 환경 관리
- 작업장 안전 개선: 안전 사고 예방 및 리스크 관리
- 환경 영향 최소화: 환경 관련 문제 개선 및 지속가능성 향상
- 규제 준수 강화: 안전, 환경 관련 규제 준수 수준 향상
- 위험 요소 제거: 잠재적 위험 요소 식별 및 제거

PESTEL 분석

1. 개념
PESTEL 분석은 기업의 거시적 외부 환경을 체계적으로 분석하는 전략적 도구로, 조직이 통제할 수 없지만 성과와 전략에 중대한 영향을 미치는 외부 요인을 여섯 가지 카테고리로 분류하여 분석한다. PESTEL은 다음 여섯 가지 영역의 첫 글자를 조합한 약어이다.

- Political(정치적): 정부 정책, 정치적 안정성, 무역 규제 등
- Economic(경제적): 경제 성장률, 인플레이션, 금리, 환율 등
- Social(사회적): 인구 통계, 라이프스타일 변화, 문화적 트렌드 등
- Technological(기술적): 기술혁신, R&D활동, 자동화, 기술변화 속도 등
- Environmental(환경적): 기후 변화, 환경 규제, 지속가능성 이슈 등
- Legal(법적): 고용법, 소비자 보호법, 안전 규제, 산업 특화 법규 등

2. 목적
- 거시적 변화 탐지: 비즈니스에 영향을 미칠 수 있는 주요 외부 트렌드와 변화 감지
- 기회와 위협 식별: 외부 환경에서 오는 전략적 기회와 잠재적 위협 발견
- 전략적 의사결정 지원: 시장 진입, 제품 개발, 투자 등 주요 의사결정의 기반 제공
- 리스크관리 강화: 외부 환경 변화로 인한 잠재적 리스크 조기 식별
- 사업 환경 이해: 비즈니스 생태계의 포괄적 이해를 통한 전략 맥락 파악
- 미래 시나리오 개발: 다양한 미래 전개 가능성에 대한 체계적 탐색

3. PESTEL 분석 프로세스 및 방법론
3.1 분석 프로세스
3.1.1 준비 단계
- 분석 범위 설정: 특정 시장, 지역, 산업 등 분석 초점 명확화

- 정보 수집 계획: 데이터 소스 식별 및 정보 수집 방법 결정
- 분석 팀 구성: 다양한 부서와 전문성을 갖춘 팀 구성

3.1.2 데이터 수집 및 분석 단계
- 요인별 정보 수집: 각 카테고리별 관련 정보와 트렌드 수집
- 요인 간 상호작용 분석: 서로 다른 카테고리 간의 연관성과 상호작용 고려
- 영향력 평가: 각 요인이 비즈니스에 미치는 영향의 중요도와 시급성 평가
- 시간 프레임 고려: 단기, 중기, 장기적 영향 구분

3.1.3 통합 및 해석 단계
- 핵심 요인 추출: 가장 중요한 영향력을 가진 핵심 외부 요인 식별
- 기회/위협 분류: 식별된 요인을 기회와 위협으로 범주화
- 시나리오 개발: 핵심 불확실성에 기반한 다양한 미래 시나리오 구성
- 전략적 시사점 도출: 분석 결과가 조직 전략에 주는 의미 해석

3.1.4 활용 및 모니터링 단계
- 전략 연계: PESTEL 분석 결과를 전략 계획 과정에 통합
- 대응 계획 수립: 식별된 기회 활용과 위협 대응을 위한 계획 개발
- 지속적 모니터링: 외부 요인에 대한 정기적 모니터링 체계 구축
- 정기적 재평가: 급변하는 환경에 맞춰 분석 주기적 업데이트

3.2 각 영역별 분석 요소

3.2.1 정치적 요인(Political)
- 정부 안정성 및 정책 방향
- 세금 정책 및 무역 규제
- 정치적 리더십 변화
- 국제 관계 및 지정학적 긴장
- 정부 지원 및 보조금 프로그램

3.2.2 경제적 요인(Economic)
- GDP 성장률 및 경기 순환
- 인플레이션 및 금리
- 고용 수준 및 임금 동향

- 환율 변동 및 구매력
- 산업별 경제 성과 및 전망

3.2.3 사회적 요인(Social)
- 인구 구조 및 변화
- 소비자 태도 및 행동 변화
- 라이프스타일 트렌드
- 교육 수준 및 직업 패턴
- 건강 의식 및 사회적 이동성

3.2.4 기술적 요인(Technological)
- 혁신 속도 및 기술 발전
- R&D 활동 및 자동화
- 기술 인프라 및 디지털 트랜스포메이션
- 지적재산권 및 기술 이전
- 신기술 채택 및 보급 속도

3.2.5 환경적 요인(Environmental)
- 기후 변화 및 자연재해
- 환경 규제 및 지속가능성 요구
- 자원 희소성 및 에너지 비용
- 친환경 솔루션에 대한 수요
- 탄소 발자국 및 환경 책임

3.2.6 법적 요인(Legal)
- 고용법 및 노동 규제
- 소비자 보호 및 안전 법규
- 경쟁법 및 반독점 규제
- 데이터 보호 및 개인정보 법규
- 산업별 특수 규제 및 표준

4. 중소기업 CoachSulting에서의 활용
4.1 중소기업 특화 접근법
4.1.1 범위 최적화

- 핵심 영역 집중: 특정 산업/비즈니스에 가장 관련성 높은 PESTEL 요소에 집중
- 지역 맞춤형 분석: 중소기업의 실제 운영 지역에 맞춘 분석 범위 설정
- 실용적 간소화: 자원 제약을 고려한 효율적 분석 방법 적용

4.1.2 자원 효율적 분석
- 기존 연구 활용: 산업 보고서, 정부 발표, 무역 협회 자료 등 활용
- 협업적 접근: 내부 지식과 외부 전문가 의견 결합
- 디지털 도구 활용: 온라인 분석 도구와 데이터 소스 적극 활용

4.1.3 실행 중심 분석
- 직접적 영향 요소 우선화: 단/중기에 직접 영향을 미치는 요소 강조
- 대응 가능한 영역 식별: 중소기업이 실질적으로 대응할 수 있는 요소 집중
- 실행 계획 연계: 분석 결과를 구체적 실행 계획으로 전환

4.2 활용 범위 및 효과

4.2.1 사업 확장 및 다각화
- 신시장 진출 평가: 새로운 지역/시장 진출 시 환경 평가
- 제품 다각화 결정: 새로운 제품/서비스 개발 기회 식별
- 해외 시장 진출: 국제 시장 환경 및 진입 장벽 분석

4.2.2 리스크 관리 및 회복력 강화
- 취약점 식별: 외부 환경 변화에 취약한 비즈니스 영역 파악
- 조기 경보 시스템: 위협적 트렌드 조기 감지 체계 구축
- 비상 계획 수립: 주요 리스크 시나리오에 대한 대응 계획 개발

4.2.3 전략적 포지셔닝
- 틈새시장 식별: 대기업이 간과한 특화 시장 기회 발견
- 차별화 요소 개발: 외부 트렌드에 기반한 차별화 전략 수립
- 적응적 비즈니스 모델: 변화하는 환경에 맞춘 비즈니스 모델 조정

4.2.4 제품 및 서비스 혁신
- 고객 니즈 변화 예측: 사회적/기술적 변화에 따른 니즈 진화 분석
- 혁신 기회 식별: 신기술 및 트렌드 기반 제품 혁신 방향 설정

- 지속가능 솔루션: 환경적 요인에 대응한 친환경 제품/서비스 개발

4.2.5 자원 배분 최적화
- 우선순위 설정: 제한된 자원의 효과적 배분을 위한 기준 제공
- 투자 결정 지원: 설비, 기술, 인력 투자의 전략적 방향 설정
- 예산 계획: 외부 환경 변화에 대응한 유연한 예산 계획 수립

Positioning 맵

1. 개념
포지셔닝 맵(Positioning Map)은 제품이나 브랜드가 소비자의 인식 속에서 경쟁사 대비 어떤 위치를 차지하고 있는지 시각적으로 표현하는 전략적 마케팅 도구이다. 일반적으로 지각도(Perceptual Map)라고도 불리며, 2차원 또는 그 이상의 축을 사용하여 제품이나 브랜드 간의 상대적 위치를 그래프로 표현한다. 각 축은 소비자가 구매 결정 시 중요하게 고려하는 주요 속성(가격, 품질, 혁신성, 전통성 등)을 나타내며, 이를 통해 시장 내 경쟁 구도와 기회 영역을 한눈에 파악할 수 있다.
포지셔닝 맵의 주요 요소는 다음과 같다.

1.1 축(Axes)
- 소비자가 중요하게 생각하는 두 가지 이상의 주요 속성
- 일반적으로 대비되는 속성 쌍으로 구성(고가 vs. 저가, 고품질 vs. 저품질 등)
- 산업과 제품 카테고리에 따라 다양하게 설정 가능

1.2 위치(Positions)
- 각 브랜드나 제품이 해당 속성에 대해 차지하는 상대적 위치
- 실제 제품 특성보다 소비자 인식에 기반한 위치
- 점이나 원으로 표시하며, 원의 크기로 시장 점유율 표현 가능

1.3 빈 공간(White Space)
- 경쟁이 적거나 없는 시장 기회 영역
- 잠재적 포지셔닝 전략을 위한 영역 식별

1.4 이상점(Ideal Points)
- 소비자 세그먼트가 가장 선호하는 속성 조합 위치
- 특정 세그먼트를 타겟팅할 때 중요한 참조점

2. 목적

- 경쟁 구도 파악: 시장 내 경쟁 브랜드의 상대적 위치와 강도 시각화
- 차별화 기회 발견: 경쟁이 적은 틈새 시장(빈 공간) 식별
- 포지셔닝 전략 개발: 효과적인 시장 포지셔닝을 위한 방향성 제시
- 리포지셔닝 분석: 기존 포지션에서 새로운 포지션으로의 이동 전략 수립
- 제품 개발 지침: 신제품 개발 시 목표 포지션 설정 가이드
- 마케팅 커뮤니케이션 지원: 포지셔닝에 맞는 일관된 메시지 개발
- 의사결정 단순화: 복잡한 시장 정보를 직관적으로 이해하기 쉽게 시각화

3. 포지셔닝 맵 사용 방법
3.1 준비 및 계획 단계
- 목적 명확화: 포지셔닝 맵을 통해 얻고자 하는 인사이트 정의
- 분석 범위 설정: 분석 대상 시장, 제품 카테고리, 경쟁사 선정
- 소비자 조사 계획: 데이터 수집 방법 및 표본 설계

3.2 주요 속성 식별 단계
- 정성 조사 실시: 포커스 그룹, 심층 인터뷰를 통한 구매 결정 요인 탐색
- 정량 조사 분석: 설문조사를 통한 속성 중요도 측정
- 핵심 속성 선정: 소비자 구매 결정에 가장 중요한 2~3개 속성 선택
- 축 설정: 선정된 속성을 기반으로 맵의 X축과 Y축 정의

3.3 데이터 수집 및 분석 단계
- 소비자 인식 조사: 각 브랜드/제품이 선정된 속성에 대해 어떻게 인식되는지 측정
- 평가 척도 활용: 리커트 척도 등을 사용한 속성별 평가
- 데이터 통계 분석: 다차원 척도법(MDS), 요인분석, 대응분석 등 활용
- 브랜드 위치 도출: 각 브랜드의 상대적 위치 계산

3.4 포지셔닝 맵 작성 단계
- 좌표축 설정: 선정된 속성에 따른 X축과 Y축 설정
- 브랜드 위치 표시: 분석 결과를 바탕으로 각 브랜드 위치 표시
- 이상점 표시: 소비자 세그먼트별 선호 위치 표시(필요시)
- 시장 점유율 표현: 원의 크기로 브랜드 시장 점유율 표현(선택적)

3.5 분석 및 전략 도출 단계

- 현재 포지셔닝 평가: 자사 제품/브랜드의 현재 포지션 강점과 약점 분석
- 경쟁 구도 분석: 주요 경쟁사와의 차별점 및 유사점 파악
- 틈새 시장 식별: 빈 공간(White Space) 발견 및 기회 평가
- 포지셔닝 전략 수립: 현 포지션 유지, 강화 또는 리포지셔닝 전략 개발
- 실행 계획 개발: 선택한 포지셔닝 전략을 위한 마케팅 믹스 계획 수립

4. 중소기업 CoachSulting에서의 포지셔닝 맵 활용
4.1 중소기업 맞춤형 접근법
4.1.1 간소화된 방법론
- 복잡한 통계 분석보다 직관적이고 실용적인 접근 방식
- 소규모 고객 인터뷰와 전문가 판단을 결합한 데이터 수집
- 핵심 속성에 집중한 2차원 맵으로 단순화

4.1.2 차별화 중심 전략
- 대기업이 장악하지 않은 틈새 포지션 발굴에 집중
- 중소기업의 강점을 극대화할 수 있는 독특한 포지션 모색
- 지역 시장이나 특수 고객층 중심의 맞춤형 포지셔닝

4.1.3 비용 효율적 실행
- 저비용 리서치 방법을 활용한 데이터 수집
- 경쟁사의 공개 정보와 2차 자료를 활용한 분석
- 실행 가능성에 중점을 둔 점진적 포지셔닝 전략

4.2 활용 범위 및 효과
4.2.1 시장 진입 전략 수립
- 신규 시장 진입 시 최적의 포지셔닝 지점 식별
- 경쟁이 낮은 틈새 시장 발굴
- 차별화된 가치 제안 개발을 위한 방향성 제시

4.2.2 브랜드 정체성 및 메시지 개발
- 포지셔닝에 부합하는 일관된 브랜드 아이덴티티 수립
- 차별화된 메시지와 커뮤니케이션 전략 개발
- 타겟 고객에게 효과적으로 소구하는 브랜드 스토리 구축

4.2.3 제품 개발 및 혁신 지원
- 시장 기회에 맞는 신제품 개발 방향 설정
- 기존 제품 리포지셔닝을 위한 개선 방향 도출
- 경쟁사 제품과의 차별점 강화 전략 수립

4.2.4 마케팅 자원 최적화
- 제한된 마케팅 예산의 효율적 배분 지원
- 포지셔닝에 맞는 최적의 마케팅 채널 선정
- ROI 극대화를 위한 마케팅 활동 우선순위 설정

4.2.5 경쟁 대응 및 방어 전략
- 경쟁사 포지셔닝 변화 모니터링
- 경쟁사 공격에 대한 방어 전략 수립
- 변화하는 시장 환경에 대응한 포지셔닝 조정

Priority 매트릭스

1. 개념
우선순위 매트릭스(Priority Matrix)는 다양한 과제, 프로젝트, 활동 또는 의사결정 사항들을 체계적으로 평가하고 우선순위를 설정하기 위한 시각적 분석 도구이다. 복잡한 비즈니스 환경에서 전략적 초점을 명확히 하고, 의사결정의 일관성을 제고하며, 경영진의 암묵적 판단을 체계화하는 데 큰 도움이 된다. 특히 인력과 자본이 제한적인 환경에서는 '무엇을 하지 않을 것인가'를 명확히 함으로써 핵심 영역에 자원을 집중하는 규율을 확립하는 데 기여한다. 이 도구는 일반적으로 두 가지 핵심 기준(예: 중요성과 긴급성, 노력과 영향력, 비용과 효과 등)을 축으로 하는 2×2 매트릭스 형태로 구성되며, 각 항목을 매트릭스 상의 적절한 사분면에 배치함으로써 전략적 우선순위를 명확히 시각화한다. 가장 널리 알려진 형태는 스티븐 코비 Stephen Covey의 '시간 관리 매트릭스'이지만, 다양한 기준과 맥락에 맞게 변형하여 활용할 수 있다.

2. 목적
- 자원 배분 최적화: 제한된 자원(시간, 인력, 예산 등)을 최대 가치를 창출하는 영역에 집중
- 전략적 초점 명확화: 조직의 전략적 목표 달성에 가장 중요한 활동에 집중
- 의사결정 합리화: 주관적 판단이 아닌 객관적 기준에 근거한 우선순위 결정
- 합의 도출: 다양한 이해관계자 간 우선순위에 대한 공통된 이해와 합의 형성
- 업무 과부하 해소: 중요하지 않은 활동 제거를 통한 업무 효율성 향상
- 리스크 관리: 중요하고 긴급한 과제의 식별을 통한 리스크 선제적 대응
- 커뮤니케이션 촉진: 우선순위에 대한 명확한 시각적 표현을 통한 효과적 소통
- 변화 관리 지원: 조직 변화 과정에서 핵심 이니셔티브의 우선순위 설정

3. 우선순위 매트릭스 사용 방법

3.1 준비 단계

3.1.1 평가 대상 식별
- 우선순위를 정할 프로젝트, 과제, 활동 등의 목록 작성

3.1.2 평가 기준 선정
- 우선순위 결정에 적합한 2가지 핵심 기준 선택
- 일반적인 기준 조합: 중요성/긴급성, 노력/영향력, 비용/이익, 난이도/가치

3.1.3 척도 정의
- 각 기준의 평가 척도 설정 (예: 1~5점, 상/중/하)
- 평가 참여자 선정: 다양한 관점을 반영할 수 있는 평가 참여자 구성

3.2 매트릭스 구성 단계

3.2.1 매트릭스 틀 작성
- 선택한 두 가지 기준을 X축과 Y축으로 하는 2×2 매트릭스 그리기

3.2.2 사분면 정의
- 각 사분면의 의미와 우선순위 단계 정의

(예: 중요성-긴급성 매트릭스의 경우)
- Q1(높은 중요성, 높은 긴급성): 즉시 수행
- Q2(높은 중요성, 낮은 긴급성): 계획적 수행
- Q3(낮은 중요성, 높은 긴급성): 위임 또는 최소화
- Q4(낮은 중요성, 낮은 긴급성): 제거 또는 축소

시각적 표현 설계: 필요시 추가 정보(예: 규모, 책임자)를 색상, 크기 등으로 표현

3.3 평가 및 배치 단계
- 개별 평가: 각 항목에 대해 선정된 기준에 따라 개별 평가 실시
- 종합 평가: 개별 평가 결과를 종합하여 최종 점수 또는 위치 도출
- 매트릭스 배치: 평가 결과에 따라 각 항목을 매트릭스 상의 적절한 위치에 배치
- 검토 및 조정: 배치 결과의 논리적 일관성과 현실성 검토 및 필요시 조정

3.4 결과 분석 및 실행 계획 수립 단계
- 사분면별 분석: 각 사분면에 속한 항목들의 패턴과 특성 분석
- 자원 배분 계획: 사분면 특성에 따른 자원 배분 전략 수립
- 실행 계획 개발: 우선순위에 따른 구체적 실행 계획 및 일정 수립
- 모니터링 체계 구축: 우선순위 실행 상황을 점검할 수 있는 모니터링 체계 마련

3.5 주기적 검토 및 갱신 단계
- 정기적 재평가: 환경 변화와 진행 상황에 따른 우선순위 주기적 재평가
- 조정 및 갱신: 새로운 상황과 요구에 맞게 우선순위 조정
- 학습 및 개선: 우선순위 설정 프로세스 자체의 효과성 검토 및 개선

4. 중소기업 CoachSulting에서의 활용
4.1 중소기업 맞춤형 접근법
4.1.1 간소화된 적용
- 복잡한 평가 방법론보다 직관적이고 실용적인 접근법 활용
- 경영진이 쉽게 이해하고 참여할 수 있는 워크숍 형태 진행
- 즉각적인 의사결정과 실행에 초점을 맞춘 결과물 도출

4.1.2 경영자 중심 설계
- 창업자/경영자의 비전과 직관을 체계화하는 도구로 활용
- 경영진의 암묵적 우선순위를 명시적으로 표현하는 프레임워크 제공
- 핵심 의사결정자의 직접 참여를 통한 실행력 확보

4.1.3 자원 제약 고려
- 극도로 제한된 자원 환경에서의 집중 영역 선택 지원
- 단기적 생존과 장기적 성장의 균형을 고려한 우선순위 설정
- 제한된 인력으로 수행 가능한 현실적 실행 계획 수립

4.2 활용 범위 및 효과
4.2.1 전략적 의사결정
- 사업 포트폴리오 관리: 다양한 사업 영역의 우선순위 결정 및 자원 배분
- 신규 기회 평가: 새로운 사업 기회, 시장 진출 옵션의 체계적 평가
- 투자 결정: 설비 투자, R&D 프로젝트, 시스템 도입 등 투자 우선순위 설

정
- 파트너십 선정: 잠재적 협력 파트너나 제휴 기회의 전략적 가치 평가

4.2.2 운영 효율화
- 프로세스 개선: 개선이 필요한 핵심 프로세스 식별 및 개선 우선순위 설정
- 비용 절감: 효과적인 비용 절감 이니셔티브 선정 및 실행 계획 수립
- 품질 향상: 품질 문제 해결 우선순위 및 자원 배분 결정
- 운영 리스크 관리: 주요 운영 리스크의 영향력과 대응 우선순위 평가

4.2.3 조직 및 인적자원 관리
- 조직 구조 개선: 조직 설계 및 변화 이니셔티브의 우선순위 설정
- 인재 개발: 핵심 역량 개발 영역 및 교육 우선순위 설정
- 성과 관리: 성과 지표의 중요도 평가 및 관리 우선순위 결정
- 채용 전략: 핵심 포지션 식별 및 채용 우선순위 설정

4.2.4 마케팅 및 영업
- 시장 세분화: 목표 고객 세그먼트의 매력도 및 접근 우선순위 평가
- 마케팅 활동 최적화: 제한된 마케팅 예산의 효과적 배분
- 제품 개발 로드맵: 신제품 개발 및 출시 우선순위 설정
- 고객 관계 관리: 핵심 고객 식별 및 관계 관리 우선순위 결정

4.2.5 변화 관리 및 혁신
- 변화 이니셔티브 관리: 다양한 변화 프로젝트의 우선순위 및 순서 결정
- 디지털 전환: 디지털화 영역 및 단계적 추진 계획 수립
- 혁신 포트폴리오: 혁신 아이디어 및 프로젝트의 가치 평가 및 선택
- 위기 대응: 급변하는 환경에서의 생존 및 적응 우선순위 설정

Product Life Cycle 분석

1. 개념
제품수명주기(Product Life Cycle, PLC)는 제품이 시장에 도입되어 성장하고 성숙 단계를 거쳐 쇠퇴하기까지의 전체 과정을 설명하는 전략적 프레임워크이다. 이 개념은 생물학적 생명체의 탄생부터 소멸까지의 과정을 제품에 적용한 것으로, 마케팅 이론가인 테오도르 레빗 Theodore Levitt에 의해 1965년 하버드 비즈니스 리뷰에서 체계화되었다. PLC는 제품의 판매량, 수익, 경쟁 상황 등이 시간에 따라 어떻게 변화하는지 예측하고 각 단계에 맞는 적절한 전략을 수립하는 데 도움을 준다. 제품수명주기의 4단계는 다음과 같다.

1.1 도입기(Introduction)
- 제품이 시장에 처음 출시되는 단계
- 낮은 판매량, 높은 마케팅 비용, 마이너스 또는 낮은 수익률
- 시장 인지도 구축 및 얼리어답터 공략에 집중

1.2 성장기(Growth)
- 제품 인지도와 채택률이 급격히 증가하는 단계
- 판매량 급증, 마케팅 효율 향상, 수익성 증대
- 시장점유율 확보와 브랜드 로열티 구축에 집중

1.3 성숙기(Maturity)
- 시장 포화로 판매 성장률이 둔화되는 단계
- 안정된 판매량, 가격 경쟁 심화, 마진 감소
- 제품 차별화와 시장 세분화로 경쟁 우위 유지에 집중

1.4 쇠퇴기(Decline)
- 신기술 등장, 소비자 취향 변화로 판매량 감소 단계
- 지속적인 판매 감소, 수익성 악화
- 수익 극대화, 비용 절감 또는 철수 전략 수립

2. 목적

- 전략적 계획 수립: 제품의 현재 수명주기 단계에 맞는 최적의 전략 개발
- 자원 배분 최적화: 제품 포트폴리오 내 각 제품의 단계에 따른 효율적 자원 배분
- 혁신 및 신제품 계획: 기존 제품의 쇠퇴에 대비한 신제품 개발 타이밍 결정
- 마케팅 전략 조정: 각 단계별 효과적인 마케팅 믹스 전략 수립
- 리스크 관리: 제품 쇠퇴에 따른 비즈니스 리스크 예측 및 대응
- 제품 포트폴리오 균형: 다양한 수명주기 단계의 제품 포트폴리오 구성으로 안정적 수익 확보

3. 제품수명주기 분석 사용 방법
3.1 현재 제품 수명주기 단계 진단
3.1.1 판매 데이터 분석
- 판매량/매출 추이 분석(성장률, 시장 점유율 변화)
- 최소 2~3년 이상의 과거 데이터 활용

3.1.2 시장 지표 분석
- 시장 성장률, 경쟁 강도, 신규 진입자 수
- 고객 구매 패턴 및 충성도 변화

3.1.3 수익성 지표 분석
- 제품 마진율, 마케팅 효율성(ROI) 변화
- 가격 탄력성 및 할인 빈도 추이

3.1.4 진단 체크리스트
- 도입기: 낮은 인지도, 제한된 유통, 높은 마케팅 비용
- 성장기: 급속한 매출 증가, 신규 고객 유입, 경쟁 증가
- 성숙기: 성장 둔화, 치열한 가격 경쟁, 시장 포화
- 쇠퇴기: 매출 감소, 대체재 등장, 수익성 악화

3.2 단계별 최적 전략 개발
3.2.1 도입기 전략
- 제품 전략: 핵심 기능 중심의 기본 제품 출시, 얼리어답터 피드백 기반

개선
- 가격 전략: 프리미엄 가격(스키밍) 또는 침투 가격 전략 선택
- 유통 전략: 선별적 유통, 특화된 채널 중심
- 촉진 전략: 제품 인지도 구축 중심 마케팅, 교육적 컨텐츠 제공

3.2.2 성장기 전략
- 제품 전략: 제품 라인 확장, 품질 개선, 빠른 피드백 반영
- 가격 전략: 시장점유율 확대를 위한 경쟁적 가격 책정
- 유통 전략: 유통망 확대, 다양한 채널 개발
- 촉진 전략: 브랜드 인지도 강화, 차별화 메시지 개발

3.2.3 성숙기 전략
- 제품 전략: 제품 차별화, 기능 개선, 다양한 모델 라인업
- 가격 전략: 가격 방어, 가치 기반 프리미엄화 또는 원가 절감
- 유통 전략: 유통 효율화, 채널 최적화
- 촉진 전략: 브랜드 충성도 강화, 반복 구매 촉진, 경쟁사 전환 유도

3.2.4 쇠퇴기 전략
- 제품 전략: 제품 단순화, 비수익 모델 단종, 틈새시장 집중
- 가격 전략: 수익 극대화 가격 또는 재고 소진 할인
- 유통 전략: 수익성 높은 채널 집중, 비효율 채널 철수
- 촉진 전략: 마케팅 비용 축소, 충성 고객 유지 프로그램

3.3 포트폴리오 분석 및 관리

3.3.1 BCG 매트릭스 연계
- PLC와 BCG 매트릭스(스타, 현금젖소, 문제아, 개) 통합 분석

3.3.2 제품 포트폴리오 균형 점검
- 다양한 수명주기 단계의 제품 구성 비율
- 단계별 매출/수익 기여도 분석

3.3.3 신제품 개발 계획
- 쇠퇴 제품 대체를 위한 신제품 개발 타이밍
- 시장 변화에 대응한 혁신 제품 파이프라인 구축

3.4 구현 및 모니터링
- 액션 플랜 개발: 제품수명주기 단계별 구체적 실행 계획 수립
- KPI 설정: 단계 전환 감지를 위한 핵심 지표 모니터링
- 정기적 검토: 분기별/반기별 제품수명주기 진단 및 전략 조정
- 시장 변화 대응: 기술 변화, 고객 선호도 변화에 따른 전략 조정

4. 중소기업 CoachSulting에서의 PLC 활용
4.1 중소기업 맞춤형 접근법
4.1.1 간소화된 분석 방법
- 복잡한 통계보다 핵심 지표 중심의 실용적 진단
- 제한된 데이터 환경에서도 적용 가능한 정성적 평가 병행
- 업계 전문가 의견과 직원 경험을 활용한 보완적 판단

4.1.2 자원 제약 고려 전략
- 제한된, 제품과 자원에 집중한 점진적 접근법
- 저비용 마케팅 전략 중심의 실행 방안
- 외부 파트너십을 활용한 리소스 확장 방안

4.1.3 경쟁 차별화 중심
- 대기업과 직접 경쟁을 피한 틈새시장 집중 전략
- 특화된 제품 기능과 서비스로 차별화
- 유연성과 민첩성을 활용한 빠른 시장 대응

4.2 활용 범위 및 효과
4.2.1 제품 전략 최적화
- 핵심 제품의 수명주기 단계별 맞춤형 전략 개발
- 제품 포트폴리오 구성 최적화 및 신제품 개발 계획
- 제품 개선 및 리포지셔닝 타이밍 결정

4.2.2 마케팅 자원 효율화
- 제한된 마케팅 예산의 단계별 최적 배분
- 수명주기 단계에 맞는 비용 효율적 마케팅 채널 선택
- 타겟 고객 세그먼트 재정의 및 커뮤니케이션 전략 조정

4.2.3 가격 전략 수립
- 단계별 최적 가격 전략 개발로 수익성 극대화
- 경쟁 상황과 시장 성숙도에 맞춘 가격 조정
- 가치 기반 가격 책정을 통한 마진 방어

4.2.4 유통 및 판매 전략
- 수명주기 단계별 적합한 유통 채널 전략 개발
- 온/오프라인 채널 최적 조합 설계
- 재고 관리 및 생산 계획 최적화

4.2.5 리스크 관리 및 비즈니스 연속성
- 주력 제품 쇠퇴에 대비한 사전 대응 계획
- 다양한 수명주기 단계 제품 포트폴리오 구성으로 안정성 확보
- 시장 환경 변화에 따른 적응적 전략 수립

QC (품질관리) 7대 도구

1. 개념
QC 7 Tools(품질관리 7대 도구)는 일본의 품질관리 전문가 카오루 이시카와 Kaoru Ishikawa가 체계화한 7가지 기본적인 품질 문제 해결 도구의 집합이다. 이 도구들은 제조 현장에서 발생하는 품질 문제를 효과적으로 식별, 분석하고 해결하기 위해 개발되었으며, 데이터 기반의 과학적 접근법을 바탕으로 한다. 복잡한 통계 지식 없이도 현장 작업자들이 쉽게 활용할 수 있는 시각적이고 실용적인 도구로 구성되어 있다. QC 7 Tools의 구성은 다음과 같다.

- 체크시트(Check Sheet): 데이터 수집 및 기록을 위한 구조화된 양식
- 히스토그램(Histogram): 데이터 분포를 시각적으로 표현하는 막대 그래프
- 파레토 차트(Pareto Chart): 문제의 우선순위를 식별하는 특수한 막대 그래프
- 특성요인도(Cause and Effect Diagram): 문제의 원인을 체계적으로 분석하는 도구
- 산점도(Scatter Diagram): 두 변수 간의 관계를 파악하는 그래프
- 관리도(Control Chart): 프로세스의 안정성과 변동을 모니터링하는 시계열 그래프
- 층별(Stratification/그래프와 차트): 데이터를 의미 있는 그룹으로 분류하여 분석하는 방법

2. 목적
- 데이터 기반 의사결정: 주관적 판단이 아닌 객관적 데이터에 기반한 문제 해결
- 품질 문제 가시화: 추상적인 품질 문제를 구체적이고 시각적으로 표현
- 근본 원인 식별: 표면적 증상이 아닌 문제의 근본 원인 발견
- 개선 효과 측정: 개선 활동의 효과를 객관적으로 측정 및 검증

- 지속적 개선 촉진: PDCA(Plan-Do-Check-Act) 사이클을 지원하는 도구 제공
- 전사적 품질관리(TQM) 지원: 조직 전체의 품질 문화 구축 기반 마련
- 비용 효율적 문제 해결: 단순하면서도 강력한 도구를 통한 효율적 자원 활용

3. 7가지 도구의 활용 방법

3.1 체크시트(Check Sheet)

3.1.1 목적
- 데이터를 체계적으로 수집하고 패턴을 쉽게 파악

3.1.2 활용 방법
- 수집할 데이터 유형 및 범주 명확히 정의
- 간단하고 직관적인 기록 양식 설계
- 데이터 수집 위치, 시간, 담당자 등 명확히 기록
- 수집된 데이터를 정기적으로 검토하여 패턴 확인

3.1.3 적용 사례
- 제품 불량 유형 집계, 고객 불만 유형 분류, 프로세스 단계별 오류 기록

3.2 히스토그램(Histogram)

3.2.1 목적
- 데이터의 분포와 패턴을 시각적으로 표현

3.2.2 활용 방법
- 적절한 데이터 범위와 구간(bin) 설정
- 세로축에 빈도, 가로축에 측정값 배치
- 정규 분포와의 비교로 분포 특성 파악
- 이상치, 편향, 다봉 분포 등 특이 패턴 식별

3.2.3 적용 사례
- 제품 치수 분포 분석, 배송 시간 변동성 검토, 고객 대기 시간 패턴 확인

3.3 파레토 차트(Pareto Chart)

3.3.1 목적
- '80:20 법칙'에 기반하여 핵심 문제 영역 식별

3.3.2 활용 방법
- 문제 유형별 빈도 또는 영향도 데이터 수집
- 내림차순으로 정렬한 막대 그래프 작성
- 누적 비율 선을 추가하여 중요도 시각화
- 전체 영향의 80%를 차지하는 주요 원인 식별

3.3.3 적용 사례
- 불량 유형 우선순위 설정, 고객 불만 핵심 원인 파악, 비용 손실 주요 요인 분석

3.4 특성요인도(원인결과도, Cause and Effect Diagram)

3.4.1 목적
- 문제의 잠재적 원인을 체계적으로 탐색하고 구조화

3.4.2 활용 방법
- 문제(결과)를 다이어그램 오른쪽에 명확히 정의
- 주요 범주(일반적으로 5M+1E: 인력, 기계, 재료, 방법, 측정, 환경) 설정
- 각 범주별 잠재적 원인 브레인스토밍
- 근본 원인 탐색을 위한 "왜?"의 연속적 질문(5 Whys)

3.4.3 적용 사례
- 품질 결함 원인 분석, 배송 지연 요인 파악, 고객 서비스 문제 진단

3.5 산점도(Scatter Diagram)

3.5.1 목적
- 두 변수 간의 관계(상관관계) 파악

3.5.2 활용 방법
- X축과 Y축에 각각의 변수 설정
- 관측된 데이터 쌍을 그래프에 표시
- 점들의 패턴을 분석하여 관계 유형 파악
- 필요시 추세선 추가로 관계 명확화

3.5.3 적용 사례
- 공정 온도와 제품 품질 관계 분석, 교육 시간과 생산성 관계 파악, 가격과 판매량 상관관계 검토

3.6 관리도(Control Chart)
3.6.1 목적
- 프로세스의 안정성 모니터링 및 이상 변동 감지

3.6.2 활용 방법
- 측정 데이터를 시간 순으로 그래프에 표시
- 중심선(평균) 및 관리 한계선(일반적으로 ±3σ) 설정
- 관리 한계를 벗어난 점, 경향, 패턴 등 이상 징후 식별
- 이상 징후 발견 시 특별 원인 조사 및 대응

3.6.3 적용 사례
- 제조 공정 변동 모니터링, 서비스 품질 추세 파악, 에너지 사용량 패턴 관리

3.7 층별(Stratification)
3.7.1 목적
- 데이터를 의미 있는 그룹으로 분류하여 패턴 발견

3.7.2 활용 방법
- 분석에 유용한 층별 기준 선정(시간, 장소, 유형, 작업자 등)
- 기준에 따라 데이터 그룹화 및 분류
- 그룹별 특성 비교를 위한 그래프 작성
- 그룹 간 유의미한 차이 식별

3.7.3 적용 사례
- 시간대별 불량률 비교, 작업자별 생산성 분석, 설비별 고장 패턴 파악

4. 중소기업 CoachSulting에서의 활용
4.1 중소기업 맞춤형 접근법
4.1.1 단계적 도입

- 가장 시급한 품질 문제에 집중한 선별적 도구 적용
- 체크시트, 파레토 차트, 특성요인도 등 진입 장벽이 낮은 도구부터 시작
- 초기 성공 경험을 바탕으로 점진적으로 전체 도구 활용 확대

4.1.2 실용적 적용
- 복잡한 통계 이론보다 직관적 이해와 실용성 강조
- 엑셀 등 기존 사용 도구를 활용한 간소화된 구현
- 현장 작업자가 쉽게 활용할 수 있는 템플릿 및 가이드 개발

4.1.3 참여형 문제 해결
- 경영진과 현장 직원이 함께 참여하는 품질 개선 활동 설계
- 소규모 품질 개선 팀 구성 및 운영 지원
- 데이터 중심의 객관적 토론 문화 조성

4.2 활용 범위 및 효과

4.2.1 제조 품질 향상
- 불량률 감소: 주요 불량 유형 및 원인 파악을 통한 집중 개선
- 공정 안정화: 공정 변동 요인 식별 및 제거를 통한 일관된 품질 확보
- 검사 최적화: 효과적인 품질 검사 지점 및 방법 개발
- 공급망 품질 관리: 원자재 및 부품 품질 문제 해결

4.2.2 운영 효율성 개선
- 낭비 요소 제거: 낭비 발생 지점 및 원인 파악을 통한 린(Lean) 운영
- 공정 병목 해소: 생산 흐름 저해 요인 식별 및 개선
- 재고 최적화: 과잉 재고 원인 분석 및 적정 재고 수준 설정
- 에너지 효율화: 에너지 낭비 패턴 파악 및 절감 방안 도출

4.2.3 서비스 품질 강화
- 고객 불만 해결: 주요 고객 불만 요인 파악 및 개선
- 서비스 일관성 확보: 서비스 제공 프로세스의 변동성 감소
- 고객 경험 최적화: 고객 경험 저해 요소 식별 및 개선
- 응대 품질 향상: 고객 응대 과정의 주요 문제점 해결

4.2.4 비용 절감 및 수익성 개선
- 재작업 비용 감소: 품질 문제로 인한 재작업 필요성 최소화

- 불량 손실 저감: 불량으로 인한 폐기 및 손실 감소
- 자원 활용 최적화: 장비, 인력, 원자재의 효율적 활용
- 클레임 처리 비용 절감: 품질 향상을 통한 고객 클레임 감소

4.2.5 품질 문화 조성

- 데이터 기반 의사결정: 주관적 판단에서 객관적 데이터 중심으로 전환
- 지속적 개선 체계: PDCA 사이클에 기반한 지속적 개선 활동 정착
- 예방적 품질 관리: 사후 대응에서 사전 예방 중심의 품질 관리로 전환
- 전사적 참여 유도: 모든 구성원의 품질 향상 활동 참여 촉진

QWM(빠른 성과 매트릭스)

1. 개념
QWM(Quick Wins Matrix, 빠른 성과 매트릭스)는 조직이 우선적으로 추진해야 할 과제를 효과적으로 선별하고 자원을 배분하기 위한 전략적 의사결정 도구이다. 이 매트릭스는 일반적으로 '실행 용이성(Ease of Implementation)'과 '사업 영향도(Business Impact)'라는 두 가지 축을 기준으로 개선 과제들을 평가하고 시각화한다. QWM은 특히 조직 변화, 프로세스 개선, 경영 혁신 프로젝트에서 초기에 가시적인 성과를 창출하기 위한 과제 우선순위 설정에 효과적으로 활용된다. 기본 구조는 다음과 같은 2×2 매트릭스 형태로 구성된다.

1.1 Quick Wins(빠른 성과): 높은 영향도, 높은 실행 용이성
- 최우선 추진 과제
- 즉각적 성과 창출 가능

1.2 Major Projects(주요 프로젝트): 높은 영향도, 낮은 실행 용이성
- 전략적 중요성이 높은 중장기 과제
- 세부 계획과 충분한 자원 필요

1.3 Fill-Ins(채움 과제): 낮은 영향도, 높은 실행 용이성
- 여유 자원이 있을 때 추진할 부수적 과제
- 작은 개선이지만 쉽게 실행 가능

1.4 Thankless Tasks(보람 없는 과제): 낮은 영향도, 낮은 실행 용이성
- 재검토 또는 중단 고려 과제
- 자원 투입 대비 가치가 낮음

2. 목적
- 우선순위 명확화: 제한된 자원을 최대 효과를 낼 수 있는 과제에 집중
- 초기 모멘텀 확보: 빠른 성과(Quick Wins)를 통한 변화 추진력 확보
- 가시적 성과 창출: 단기간에 달성 가능한 성과로 신뢰도 및 지지 확보

- 균형적 포트폴리오 구성: 단기/중장기, 실행 용이/어려움 과제 간 균형 유지
- 의사결정 객관화: 주관적 판단이 아닌 구조화된 의사결정 체계 확립
- 이해관계자 소통 촉진: 과제 우선순위에 대한 명확한 소통 도구 제공
- 자원 낭비 방지: 효과가 낮은 과제에 대한 과도한 자원 배분 예방

3. QWM 사용 방법
3.1 준비 및 계획 단계
3.1.1 개선 과제 목록 작성
- 브레인스토밍, 인터뷰, 설문조사 등을 통한 과제 발굴
- 기존 문제점, 고객 불만사항, 성과 분석 결과 등 활용
- 구체적이고 실행 가능한 수준으로 과제 정의

3.1.2 평가 기준 정립
- '실행 용이성' 평가 기준 설정(소요 시간, 비용, 기술적 난이도, 이해관계자 복잡성 등)
- '사업 영향도' 평가 기준 설정(재무적 효과, 고객 만족도, 전략적 중요성, 위험 감소 등)
- 점수화 방식 결정(1~5점, 1~10점 등)

3.2 과제 평가 및 매트릭스 작성 단계
3.2.1 개별 과제 평가
- 각 과제별 실행 용이성 점수 부여
- 각 과제별 사업 영향도 점수 부여
- 가능한 객관적 데이터와 다양한 이해관계자 의견 반영

3.2.2 매트릭스 작성
- 2×2 매트릭스 그리드 준비
- 평가 결과에 따라 매트릭스 상에 과제 배치
- 과제의 상대적 중요도에 따라 크기나 색상 차별화 가능

3.2.3 과제 군집화 및 분석
- 각 영역별 과제 분포 및 특성 분석

- 과제 간 의존성 및 연관성 파악
- 전체 포트폴리오 균형 점검

3.3 실행 계획 수립 및 우선순위 설정 단계
3.3.1 Quick Wins 집중 계획
- 빠른 성과 과제 상세 실행 계획 수립
- 책임자 지정 및 필요 자원 할당
- 구체적 일정과 성과 측정 방법 설정

3.3.2 Major Projects 전략적 접근
- 중요 프로젝트 단계적 접근 계획
- 필요 자원 및 역량 확보 방안
- 위험 관리 및 이해관계자 관리 전략

3.3.3 Fill-Ins & Thankless Tasks 관리
- Fill-Ins 과제 기회적 추진 계획
- Thankless Tasks 재검토 또는 대안 모색
- 전체 포트폴리오 밸런스 유지 전략

3.4 실행 및 모니터링 단계
3.4.1 Quick Wins 신속 추진
- 초기 성과 창출을 위한 집중 실행
- 성과 가시화 및 조직 내 공유
- 성공 사례 기반 추진력 확보

3.4.2 진행 상황 모니터링
- 과제별 진척도 및 성과 추적
- 정기적 리뷰 미팅 실시
- 예상치 못한 장애요인 파악 및 대응

3.4.3 매트릭스 동적 업데이트
- 환경 변화에 따른 우선순위 재조정
- 신규 과제 추가 및 완료 과제 제거
- 실행 경험 기반 평가 기준 조정

4. 중소기업 CoachSulting에서의 QWM 활용

4.1 중소기업 맞춤형 접근법

4.1.1 간소화된 프로세스
- 복잡한 평가 체계보다 직관적이고 실용적인 기준 적용
- 워크숍 형태의 집중 세션으로 신속한 의사결정
- 경영진이 직접 참여하는 하향식 접근 방식

4.1.2 자원 제약 고려
- 제한된 자원 환경에서 최대 효과를 낼 수 있는 과제 집중
- 외부 지원 없이 내부 역량으로 수행 가능한 과제 우선
- 단계적 실행을 통한 자원 부담 분산

4.1.3 실행 중심 설계
- 이론적 완벽함보다 실행 가능성 중시
- 명확한 책임 할당과 일정 중심의 액션 플랜
- 빠른 피드백과 조정이 가능한 민첩한 체계

4.2 활용 범위 및 효과

4.2.1 경영 혁신 및 프로세스 개선
- 비효율적 프로세스 개선 우선순위 설정
- 디지털 전환 로드맵 수립
- 조직 구조 및 업무 방식 개선

4.2.2 성장 전략 실행
- 신규 사업/제품 진출 단계적 로드맵
- 마케팅 및 영업 전략 우선순위
- 국내외 시장 확장 단계적 접근

4.2.3 경영 위기 대응
- 현금흐름 개선 긴급 과제 선별
- 비용 절감 이니셔티브 우선순위화
- 리스크 관리 및 대응 계획 수립

4.2.4) 고객 경험 및 서비스 개선
- 고객 불만 해결 우선순위 설정

- 고객 여정별 개선점 식별 및 단계적 실행
- 서비스 품질 향상 액션 플랜

4.2.5 인적 자원 및 조직 역량 강화
- 핵심 역량 개발 우선순위 설정
- 인재 확보 및 유지 전략
- 조직 문화 개선 이니셔티브

RACI 매트릭스

1. 개념
RACI 매트릭스(Responsibility Assignment Matrix)는 프로젝트나 프로세스 내에서 다양한 업무와 활동에 대한 역할과 책임을 명확히 정의하고 할당하기 위한 책임 분장 도구이다. RACI는 다음 네 가지 책임 유형의 영문 첫 글자를 조합한 약어이다.

- Responsible (담당자): 업무를 직접 수행하는 책임자, 실무 담당자
- Accountable (승인자): 최종 결과에 대한 책임을 지는 의사결정권자 (일반적으로 각 업무당 한 명만 지정)
- Consulted (협의자): 의견과 정보를 제공하는 전문가 또는 이해관계자
- Informed (통보자): 업무 진행 상황이나 결정 사항을 전달받아야 하는 관계자

이 매트릭스는 세로축에 업무/활동 목록을, 가로축에 담당자/역할을 배치하고 교차점에 RACI 코드를 표시하여 각 구성원의 책임 범위를 명확히 시각화한다.

2. 목적
- 역할 및 책임 명확화: 누가 무엇을 해야 하는지 명확히 정의
- 의사결정 구조 최적화: 적절한 권한 배분으로 의사결정 효율성 향상
- 커뮤니케이션 개선: 정보 흐름과 협의 구조의 명확화
- 업무 중복 및 누락 방지: 책임 영역의 중복 또는 공백 식별 및 해소
- 갈등 최소화: 책임과 권한의 명확한 정의를 통한 갈등 예방
- 자원 최적화: 적절한 인원에게 적절한 업무 배분으로 자원 효율화
- 온보딩 가속화: 신규 직원의 역할과 책임 신속한 이해 지원
- 조직 변화 관리: 조직 구조 변경 시 책임 재조정 기반 제공

3. RACI 매트릭스 작성 및 활용 방법

3.1 준비 단계
- 분석 범위 결정: 매트릭스를 적용할 프로젝트, 프로세스 또는 부서 선정
- 업무 목록 식별: 주요 업무, 활동, 의사결정 사항 목록 작성
- 역할/담당자 식별: 관련된 모든 역할, 직책, 부서, 개인 식별
- 이해관계자 참여: 매트릭스 작성에 핵심 이해관계자 참여 확보

3.2 매트릭스 작성 단계

3.2.1 템플릿 준비
- 세로축에 업무/활동, 가로축에 역할/담당자를 배치한 표 작성

3.2.2 RACI 할당
- 각 업무와 역할의 교차점에 적절한 RACI 코드 배정
- R (Responsible): 누가 이 업무를 실제로 수행하는가?
- A (Accountable): 누가 최종 승인 권한과 책임을 갖는가? (업무당 한 명만 지정)
- C (Consulted): 의견을 구해야 하는 전문가나 이해관계자는 누구인가?
- I (Informed): 진행 상황이나 결정 사항을 알려야 하는 사람은 누구인가?

3.2.3 균형 확인
- 모든 업무에 최소한 한 명의 R과 정확히 한 명의 A가 할당되었는지 확인

3.3 분석 및 최적화 단계

3.3.1 수평 분석
- 각 역할/담당자별 책임 과다 또는 과소 여부 검토

3.3.2 수직 분석
- 각 업무/활동별 책임 배분의 적절성 검토

3.3.3 불균형 식별
다음과 같은 일반적 문제점 확인
- 특정 역할에 R이 너무 많은 경우 (과부하)
- A와 R이 동일인인 경우가 너무 많거나 적은 경우
- C나 I가 과도하게 많은 경우 (커뮤니케이션 복잡성 증가)

- 특정 업무에 R이 너무 많거나 없는 경우

3.3.4 최적화
- 발견된 불균형을 해소하기 위한 책임 재조정

3.5 합의 및 실행 단계
- 피드백 수렴: 이해관계자로부터 매트릭스에 대한 의견 수렴
- 합의 도출: 최종 RACI 매트릭스에 대한 모든 당사자의 합의 확보
- 공유 및 교육: 완성된 매트릭스를 조직 전체에 공유하고 활용 방법 교육
- 실행 및 모니터링: 매트릭스에 따른 업무 수행 및 효과성 지속 모니터링
- 정기적 갱신: 조직 변화, 프로세스 개선 등에 따른 매트릭스 정기 업데이트

4. 중소기업 CoachSulting에서의 RACI 활용
4.1 중소기업 맞춤형 접근법
4.1.1 간소화된 적용
- 핵심 프로세스와 의사결정에 집중한 선별적 RACI 분석
- 필요에 따라 RA만 먼저 정의하고 CI는 이후 추가하는 단계적 접근
- 비즈니스 특성에 맞게 조정된 간결한 매트릭스 형식 활용

4.1.2 실용적 구현
- 조직 규모와 복잡성에 맞춰 적절한 상세 수준 설정
- 일상적 운영에 즉시 적용 가능한 실용적 결과물 도출
- 기존 업무 방식과의 자연스러운 통합 고려

4.1.3 경영자 중심 설계
- 창업자/경영자의 권한 위임 의지와 방향성 반영
- 핵심 관리자 육성을 위한 단계적 책임 이전 계획 수립
- 경영자 과부하 해소와 조직 자율성 강화 균형 추구

4.2 활용 범위 및 효과
4.2.1 조직 구조 최적화
- 권한 위임 체계화: 경영자 중심에서 분산형 의사결정 구조로의 전환 지원

- 역할 명확화: 부서 및 직책별 책임과 권한 경계 명확화
- 조직 확장 준비: 성장에 따른 역할 분화와 책임 재배분 체계 수립
- 조직 유연성 강화: 사람 의존성 감소와 역할 기반 운영으로 인력 변동 대응력 향상

4.2.2 프로젝트 관리 효율화
- 프로젝트 거버넌스 구축: 명확한 의사결정 체계와 보고 라인 확립
- 자원 할당 최적화: 프로젝트 단계별 적절한 인력 투입 계획 수립
- 위험 요소 관리: 책임 소재 명확화를 통한 위험 관리 강화
- 이해관계자 관리: 적절한 정보 공유와 의견 수렴 체계 구축

4.2.3 프로세스 개선
- 프로세스 오너십 확립: 핵심 프로세스별 책임자와 관련자 명확화
- 업무 흐름 최적화: 불필요한 협의나 승인 단계 식별 및 제거
- 병목 현상 해소: 의사결정 지연이나 책임 회피 지점 개선
- 표준화 지원: 일관된 업무 수행과 품질 관리를 위한 책임 체계 구축

4.2.4 인적 자원 관리
- 인재 개발 지원: 역량과 책임 수준을 고려한 개인별 성장 경로 설계
- 성과 평가 명확화: 책임 영역에 기반한 객관적 성과 평가 기준 수립
- 직무 설계 최적화: 개인 역량과 업무 요구사항 간 최적 매칭
- 신규 인력 온보딩: 새로운 구성원의 역할과 책임 신속한 이해 지원

4.2.5 변화 관리 및 성장 지원
- 성장 과정 체계화: 규모 확대에 따른 책임과 권한의 진화 관리
- 인수합병 통합: 서로 다른 조직 간 책임 구조 통합 지원
- 디지털 전환 역할 정의: 새로운 기술과 시스템 도입 시 책임 명확화
- 위기 대응 체계: 비상 상황에서의 의사결정 및 실행 책임 사전 정의

Risk Assessment 매트릭스

1. 개념
리스크 평가 매트릭스(Risk Assessment Matrix)는 조직이 직면할 수 있는 다양한 리스크를 식별하고, 그 심각도와 발생 가능성을 체계적으로 평가하여 우선순위를 설정하는 시각적 도구이다. 일반적으로 수직축에 리스크 영향도(심각도), 수평축에 발생 가능성(확률)을 배치한 2차원 매트릭스 형태로 구성되며, 각 리스크를 매트릭스 상에 매핑하여 중요도에 따라 구분한다. 이 도구는 제한된 자원을 효과적으로 배분하고 체계적인 리스크 관리 전략을 수립하는 데 필수적인 프레임워크를 제공한다. 제한된 자원으로 다양한 위협에 효과적으로 대응하고 안정적인 성장을 이루는 데 중요한 기반을 제공한다. 체계적인 리스크 식별과 평가를 통해 불확실성이 높은 환경에서도 보다 자신감 있는 의사결정과 지속가능한 사업 운영이 가능해진다. 주요 구성요소는 다음과 같다.

1.1 리스크 영향도(Impact)
- 리스크가 발생했을 때 조직에 미치는 영향의 심각성
- 재무적 손실, 명성 훼손, 법적 책임, 운영 중단, 인명 피해 등의 측면에서 평가
- 일반적으로 5단계(미미함-낮음-중간-높음-심각함) 또는 3단계 척도로 구분

1.2 발생 가능성(Probability)
- 리스크가 발생할 확률이나 빈도
- 역사적 데이터, 전문가 판단, 환경 분석 등을 통해 평가
- 일반적으로 5단계(희박함-낮음-가능함-높음-거의 확실함) 또는 3단계 척도로 구분

1.3 리스크 수준(Risk Level)
- 영향도와 가능성을 결합한 종합적 리스크 심각성
- 일반적으로 색상 코드(녹색-노란색-주황색-빨간색)로 시각화

- 낮음(Low), 중간(Medium), 높음(High), 매우 높음(Extreme) 등으로 구분

2. 목적
- 체계적 리스크 식별: 조직이 직면한 다양한 리스크를 포괄적으로 식별
- 객관적 우선순위 설정: 리스크의 심각성과 가능성에 기반한 우선순위 결정
- 자원 최적화: 제한된 리스크 관리 자원의 효율적 배분
- 의사소통 촉진: 리스크에 대한 공통된 이해와 효과적인 커뮤니케이션 지원
- 예방적 관리 강화: 사후 대응보다 사전 예방 및 감소 전략 수립 촉진
- 의사결정 지원: 리스크 정보에 기반한 전략적 의사결정 지원

3. 리스크 평가 매트릭스 활용 방법

3.1 리스크 식별 단계

3.1.1 리스크 브레인스토밍
- 다양한 이해관계자가 참여하여 잠재적 리스크 식별

3.1.2 리스크 카테고리 분류: 리스크를 유형별로 분류
- 전략적 리스크: 비즈니스 모델, 경쟁 환경, 시장 변화 등
- 운영 리스크: 프로세스, 시스템, 인력, 외부 사건 등
- 재무 리스크: 유동성, 신용, 시장, 환율, 금리 등
- 규제/컴플라이언스 리스크: 법규, 규제, 표준 준수 등
- 평판 리스크: 브랜드 이미지, 고객 신뢰, 언론 보도 등

3.1.3 리스크 명세서 작성
- 각 리스크에 대한 상세 설명 및 잠재적 결과 문서화

3.2 리스크 분석 및 평가 단계

3.2.1 영향도 평가
- 각 리스크가 발생했을 때의 잠재적 영향 평가
- 재무적 영향: 금전적 손실 규모
- 운영적 영향: 비즈니스 중단 정도

- 전략적 영향: 목표 달성 저해 정도
- 평판적 영향: 이미지 훼손 정도
- 규제적 영향: 법적 결과 심각성

3.2.2 발생 가능성 평가
- 각 리스크의 발생 확률 평가
- 과거 데이터 분석: 유사 사건의 발생 이력
- 외부 환경 분석: 트렌드, 시장 조건 등
- 전문가 판단: 경험을 바탕으로 한 평가

3.2.3 리스크 점수 계산
- 영향도와 발생 가능성 결합
- 곱셈 방식: 영향도 × 발생 가능성
- 매트릭스 매핑: 5×5 또는 3×3 매트릭스 상에 위치 결정

3.3 리스크 매트릭스 작성 및 시각화 단계

3.3.1 매트릭스 그리드 설정
- 영향도와 발생 가능성 축으로 구성된 그리드 작성

3.3.2 리스크 수준 정의
- 각 구역별 리스크 수준 및 색상 코드 설정
- 예: 빨강(높음), 주황(상당함), 노랑(중간), 녹색(낮음)

3.3.3 리스크 매핑
- 식별된 각 리스크를 매트릭스 상의 적절한 위치에 배치

3.3.4 시각화 및 문서화
- 완성된 매트릭스의 명확한 시각화 및 문서화

3.4 대응 전략 수립 및 실행 단계

3.4.1 리스크 대응 전략 개발
- 리스크 수준에 따른 적절한 대응 전략 수립
- 회피(Avoid): 리스크 원인 제거 또는 활동 중단
- 감소(Reduce): 발생 가능성 또는 영향 최소화
- 전가(Transfer): 보험, 아웃소싱 등을 통한 리스크 이전

- 수용(Accept): 낮은 리스크를 비용-효과적 측면에서 수용

3.4.2 실행 계획 수립
- 대응 전략별 구체적 실행 계획, 책임자, 일정 설정

3.4.3 모니터링 체계 구축
- 리스크 지표 설정 및 지속적 모니터링 시스템 구축

4. 중소기업 CoachSulting에서의 리스크 평가 매트릭스 활용

4.1 중소기업 맞춤형 접근법

4.1.1 간소화된 리스크 평가
- 복잡한 평가 체계보다 3×3 매트릭스와 같은 단순화된 모델 활용
- 직관적이고 이해하기 쉬운 평가 기준 및 척도 적용
- 빠른 의사결정을 위한 간결한 프로세스 설계

4.1.2 생존 중심 리스크 관리
- 중소기업의 생존을 위협할 수 있는 핵심 리스크에 집중
- 현금 흐름, 핵심 고객/공급자 의존도, 인력 리스크 등 우선 관리
- 리스크 감내 능력(위기 시 버틸 수 있는 역량)을 고려한 접근

4.1.3 자원 제약 고려
- 제한된 자원으로 최대 효과를 낼 수 있는 대응 전략 수립
- 비용 효율적인 리스크 관리 방안 중심 제안
- 단계적 접근으로 리스크 관리 역량 점진적 강화

4.2 활용 범위 및 효과

4.2.1 핵심 비즈니스 리스크 관리
- 고객 의존도 리스크: 소수 고객 의존도가 높은 중소기업의 취약성 관리
- 공급망 리스크: 원자재/부품 공급 중단 리스크 평가 및 대응
- 현금 흐름 리스크: 유동성 위기 가능성 평가 및 예방 전략 수립
- 핵심 인력 리스크: 중요 직원 이직/부재에 따른 영향 분석 및 대비

4.2.2 성장 관련 의사결정 지원
- 신규 투자 리스크: 설비 투자, 사업 확장 등의 리스크 분석
- 신시장 진출 리스크: 새로운 시장이나 제품 라인 진출 관련 리스크 평가

- 자금 조달 리스크: 차입이나 투자 유치 관련 리스크 분석
- 인수합병 리스크: M&A 관련 리스크 식별 및 평가

4.2.3 운영 안정성 강화
- 운영 중단 리스크: 설비 고장, 사고 등으로 인한 생산/서비스 중단 리스크 관리
- 품질 리스크: 제품/서비스 품질 문제로 인한 리스크 관리
- 정보 시스템 리스크: IT 시스템 장애, 사이버 보안 위협 등의 리스크 평가
- 규제 컴플라이언스 리스크: 법규 미준수로 인한 리스크 식별 및 관리

4.2.4 외부 환경 리스크 대응
- 경쟁 환경 리스크: 시장 변화, 경쟁사 전략 변화 등에 대한 대응
- 기술 변화 리스크: 기술 혁신으로 인한 사업 모델 위협 대응
- 경제 환경 리스크: 불황, 금리, 환율 변동 등 거시경제 리스크 관리
- 자연재해/팬데믹 리스크: 재해나 위기 상황에 대한 사업 연속성 계획

4.2.5 지속가능한 성장 기반 구축
- 리스크 관리 문화 조성: 예방적 리스크 관리 마인드셋 확산
- 리스크 조기 경보 시스템: 핵심 리스크 지표 모니터링 체계 구축
- 위기 대응 계획: 주요 리스크별 비상 대응 계획 수립
- 회복력 강화: 위기 상황에서의 조직 회복력 증진 전략

Scenario Planning

1. 개념
시나리오 플래닝(Scenario Planning)은 미래에 발생 가능한 다양한 상황을 체계적으로 탐색하고, 각 상황에 대한 전략적 대응 방안을 수립하는 전략적 계획 도구이다. 1970년대 로열더치쉘(Royal Dutch Shell)이 석유 위기를 예측하고 대응하는 데 성공적으로 활용한 이후 널리 알려졌으며, 불확실한 미래에 대비하는 강력한 방법론으로 자리 잡았다. 이 접근법은 단일 예측이나 계획에 의존하는 대신, 다양한 '미래 이야기(시나리오)'를 개발하여 불확실성에 대한 조직의 대응력을 강화한다.

시나리오 플래닝은 다음과 같은 특징을 갖는다.

- 다중 미래 관점: 단일 예측이 아닌 여러 가능한 미래 상황 고려
- 불확실성 수용: 미래 불확실성을 부정하지 않고 적극적으로 탐색
- 통합적 접근: 정량적/정성적 분석과 창의적 사고의 결합
- 전략적 대화: 조직 내 미래에 대한 열린 대화와 토론 촉진
- 사고 확장: 기존 사고의 틀을 벗어난 창의적 미래 대응 방안 모색

2. 목적
- 전략적 회복력 강화: 다양한 상황에서도 효과적인 전략 개발
- 위험 관리 개선: 잠재적 위협과 기회의 조기 식별
- 의사결정 품질 향상: 불확실성을 고려한 더 강건한 의사결정
- 조직 학습 촉진: 환경 변화에 대한 조직의 인식과 적응력 강화
- 공유된 이해 구축: 미래 위험과 기회에 대한 공통된 인식 형성
- 전략적 민첩성 개발: 환경 변화에 신속하게 대응할 수 있는 능력 배양

3. 시나리오 플래닝 프로세스
3.1 준비 및 범위 설정 단계
- 핵심 질문 정의: 시나리오 플래닝을 통해 답하고자 하는 전략적 질문 설정

- 시간 범위 설정: 시나리오가 탐색할 미래의 시간 범위 결정 (일반적으로 3-10년)
- 참여자 선정: 다양한 관점과 전문성을 갖춘 참여자 구성
- 정보 수집: 관련 트렌드, 데이터, 전문가 의견 등 기초 자료 수집

3.2 핵심 동인 및 불확실성 식별 단계
3.2.1 STEEP 분석을 통한 환경 요인 탐색
- 사회적(Social): 인구통계, 라이프스타일, 문화적 변화
- 기술적(Technological): 신기술, 혁신, 디지털화
- 경제적(Economic): 경제 성장, 인플레이션, 시장 동향
- 환경적(Environmental): 기후변화, 자원 가용성, 지속가능성
- 정치적(Political): 규제, 정책, 지정학적 요소

3.2.2 영향-불확실성 매트릭스 작성
- 높은 영향-높은 불확실성: 시나리오 구성의 핵심 동인으로 선택
- 높은 영향-낮은 불확실성: 모든 시나리오에 공통으로 적용될 확정적 트렌드
- 낮은 영향-높은 불확실성: 시나리오 세부 요소로 활용
- 낮은 영향-낮은 불확실성: 일반적 배경 요소로 간주

3.3 시나리오 개발 단계
- 시나리오 프레임워크 구축: 주요 불확실성 축을 기반으로 2x2 또는 다차원 매트릭스 작성
- 시나리오 논리 개발: 각 시나리오의 기본 구조와 내부 일관성 설정
- 시나리오 서술: 각 미래 상황에 대한 생생하고 설득력 있는 이야기 개발
- 시나리오 검증: 내부 일관성, 타당성, 차별성, 도전성, 관련성 검토

3.4 전략적 시사점 도출 단계
- 시나리오별 영향 분석: 각 시나리오가 조직에 미칠 영향 평가
- 공통 전략 요소 식별: 모든 시나리오에서 효과적인 '후회 없는 (no-regret)' 전략 도출
- 조건부 전략 개발: 특정 시나리오에 대응하는 조건부 전략 수립

- 조기 경보 지표 설정: 특정 시나리오의 전개를 감지할 수 있는 핵심 지표 선정

3.5 전략 통합 및 실행 단계
- 기존 전략 재평가: 시나리오 분석 결과를 바탕으로 현재 전략의 강건성 평가
- 전략 포트폴리오 구축: 다양한 시나리오에 대응하는 유연한 전략 포트폴리오 개발
- 실행 계획 수립: 구체적 행동 계획, 책임자, 타임라인 설정
- 지속적 모니터링: 환경 변화와 시나리오 전개 양상 지속적 추적

4. 중소기업 CoachSulting에서의 시나리오 플래닝 활용
4.1 중소기업 맞춤형 접근법
4.1.1 간소화된 프로세스
- 핵심 불확실성 2~3개에 집중한 간결한 시나리오 개발
- 1~2일 집중 워크숍 형식의 효율적 진행
- 실제 경영진이 직접 활용할 수 있는 실용적 결과물 도출

4.1.2 산업 특화 접근
- 해당 산업의 핵심 불확실성과 트렌드에 집중
- 중소기업 특유의 경쟁 환경과 제약 요소 반영
- 지역적 특성과 틈새시장 역학 고려

4.1.3 자원 제약 고려
- 제한된 자원으로 실행 가능한 전략적 대안 개발
- 단계적 접근을 통한 리스크 관리
- 실행 용이성과 비용 효율성 강조

4.2 활용 범위 및 효과
4.2.1 전략적 의사결정 지원
- 중장기 전략 개발: 3-5년 전략 계획 수립 시 다양한 미래 상황 고려
- 주요 투자 결정: 설비 투자, 사업 확장, 신규 시장 진출 등 중요 결정 지원

- 자원 배분 최적화: 제한된 자원의 효과적 배분을 위한 우선순위 설정

4.2.2 리스크 관리 강화
- 생존 리스크 최소화: 중소기업의 생존을 위협할 수 있는 극단적 상황 대비
- 공급망 회복력: 공급망 중단 등 외부 충격에 대한 대응 계획 수립
- 재무적 완충장치: 다양한 상황에 대비한 재무 계획 및 현금흐름 관리

4.2.3 시장 기회 포착
- 혁신 방향 설정: 미래 시장 니즈에 기반한 제품/서비스 혁신 방향 도출
- 틈새시장 발견: 미래 환경 변화에 따른 새로운 틈새시장 기회 식별
- 비즈니스 모델 혁신: 시장 변화에 따른 비즈니스 모델 조정 및 혁신

4.2.4 변화 관리 및 적응력 강화
- 변화 마인드셋 구축: 불확실성과 변화에 대한 조직의 인식 개선
- 적응적 문화 조성: 다양한 상황에 빠르게 적응하는 조직 문화 개발
- 전략적 민첩성 확보: 환경 변화에 신속하게 대응할 수 있는 능력 향상

4.2.5 성장 전략 수립
- 지속가능한 성장 경로: 다양한 환경에서도 유효한 성장 전략 개발
- 사업 다각화 방향: 미래 불확실성을 고려한 다각화 전략 수립
- 제휴 및 협력 전략: 미래 환경에 대비한 전략적 파트너십 구축

SIPOC 다이어그램

1. 개념
SIPOC 다이어그램은 프로세스 매핑 및 분석을 위한 고수준 시각화 도구로, 프로세스의 핵심 요소를 체계적으로 정리하여 전체 흐름을 파악할 수 있게 해준다. SIPOC 다이어그램은 주로 식스시그마, 린(Lean), 프로세스 혁신 프로젝트 초기 단계에서 활용되며, 복잡한 프로세스를 간결하게 정의하고 가시화하는 도구이다. SIPOC은 다음 다섯 가지 핵심 요소의 영문 첫 글자를 조합한 약어이다.

- Suppliers (공급자): 프로세스에 필요한 투입물을 제공하는 조직, 사람, 시스템
- Inputs (투입물): 프로세스 실행에 필요한 자원, 정보, 재료
- Process (프로세스): 투입물을 산출물로 변환하는 핵심 활동 단계
- Outputs (산출물): 프로세스를 통해 생성되는 제품, 서비스, 정보
- Customers (고객): 프로세스의 산출물을 받아 사용하는 내부/외부 이해관계자

2. 목적
- 프로세스 범위 명확화: 프로세스의 시작과 끝, 경계를 명확히 정의
- 이해관계자 파악: 프로세스 관련 모든 이해관계자(공급자, 고객) 식별
- 전체적 관점 제공: 프로세스의 투입물과 산출물 및 그 흐름을 한눈에 파악
- 개선 기회 식별: 비효율, 병목, 중복, 격차 등 개선 필요 영역 발견
- 의사소통 촉진: 다양한 부서와 이해관계자 간 공통된 프로세스 이해 형성
- 요구사항 명확화: 프로세스 투입물과 산출물에 대한 요구사항 명확화
- 변화 관리 지원: 프로세스 변경 영향을 받는 영역과 이해관계자 파악
- 프로젝트 범위 설정: 개선 프로젝트의 명확한 경계와 초점 설정

3. SIPOC 다이어그램 작성 방법

3.1 준비 단계
- 프로세스 선정: 분석하고자 하는 프로세스 선택 및 명확한 정의
- 팀 구성: 프로세스에 대한 지식과 경험을 갖춘 다양한 이해관계자 참여
- 목표 설정: SIPOC 작성 목적과 기대 성과 명확화
- 자료 수집: 프로세스 관련 기존 문서, 데이터, 지식 수집

3.2 작성 단계 (일반적으로 오른쪽에서 왼쪽 순서로 작성)

3.2.1 프로세스(P) 정의
- 분석 대상 프로세스의 이름 명확화
- 프로세스의 시작점과 종료점 정의
- 프로세스의 주요 활동을 4~7단계로 고수준 정리 (세부 단계는 나중에 상세 프로세스 맵에서 다룸)

3.2.2 산출물(O) 및 고객(C) 식별
- 프로세스를 통해 생성되는 모든 산출물 목록 작성 (제품, 서비스, 정보, 문서 등)
- 각 산출물을 받는 내부/외부 고객 식별
- 고객 요구사항 및 기대치 파악

3.2.3 투입물(I) 및 공급자(S) 식별
- 프로세스 실행에 필요한 모든 투입물 목록 작성 (원자재, 정보, 문서, 인적 자원 등)
- 각 투입물을 제공하는 공급자 식별
- 투입물 품질 요구사항 정의

3.3 검토 및 완성 단계
- 완전성 검토: 모든 필수 요소가 포함되었는지 확인
- 논리적 일관성 검토: 요소 간 논리적 연결의 타당성 점검
- 이해관계자 검증: 관련 이해관계자의 피드백 수렴 및 반영
- 시각화 완성: 최종 SIPOC 다이어그램 시각적 표현 완성

3.4 활용 단계

- 현황 공유: 완성된 SIPOC을 이해관계자와 공유하여 프로세스 이해도 향상
- 문제점 분석: SIPOC을 기반으로 프로세스 문제점 및 개선 기회 도출
- 상세 분석 계획: 더 깊은 분석이 필요한 영역 식별 및 계획 수립
- 개선 계획 수립: SIPOC 분석 결과를 바탕으로 프로세스 개선 계획 수립

4. 중소기업 CoachSulting에서의 SIPOC 활용
4.1 중소기업 맞춤형 접근법
4.1.1 간소화된 적용
- 핵심 비즈니스 프로세스에 집중한 선별적 SIPOC 분석
- 간결하고 직관적인 형식으로 불필요한 복잡성 제거
- 현장 중심의 실용적 접근으로 빠른 가치 창출

4.1.2 참여형 워크숍 방식
- 경영진과 현장 직원이 함께 참여하는 통합적 접근
- 다양한 관점을 포함한 현실적인 프로세스 이해
- 집단 지성을 활용한 문제 해결과 개선안 도출

4.1.3 단계적 확장
- 가장 중요하거나 문제가 많은 프로세스부터 시작
- 초기 성공 경험을 바탕으로 다른 프로세스로 확장
- 프로세스 관리 역량의 점진적 강화

4.2 활용 범위 및 효과
4.2.1 운영 효율성 향상
- 핵심 프로세스 표준화: 일관된 프로세스 실행을 위한 표준 수립
- 병목 현상 해소: 프로세스 흐름의 병목 지점 식별 및 개선
- 낭비 요소 제거: 불필요한 단계, 중복 작업, 대기 시간 등 낭비 요소 제거
- 자원 최적화: 프로세스 전반의 자원 활용 효율화

4.2.2 품질 관리 강화
- 오류 원인 파악: 품질 문제의 근본 원인 분석 및 해결
- 요구사항 명확화: 고객 요구사항에 기반한 품질 기준 수립

- 일관성 확보: 프로세스 표준화를 통한 제품/서비스 품질 일관성 향상
- 측정 체계 개선: 프로세스 성과 측정 지표 개발 및 모니터링

4.2.3 고객 가치 증대
- 고객 요구 파악: 내외부 고객의 명확한 요구사항 식별
- 가치 흐름 최적화: 고객 가치 중심의 프로세스 재설계
- 고객 경험 개선: 고객 접점 프로세스의 체계적 개선
- 응대 품질 향상: 일관된 고객 응대 프로세스 구축

4.2.4 조직 역량 강화
- 프로세스 지식 공유: 암묵지의 형식지화를 통한 조직 지식 관리
- 신규 인력 교육: 체계화된 프로세스 교육 자료로 신규 직원 온보딩 효율화
- 의사소통 개선: 부서 간 프로세스 이해 증진을 통한 협업 강화
- 지속적 개선 문화: 프로세스 중심의 지속적 개선 문화 형성

4.2.5 성장 관리 지원
- 확장성 평가: 비즈니스 성장에 따른 프로세스 확장성 검토
- 신규 사업 설계: 새로운 사업 영역의 프로세스 체계적 설계
- 통합 관리: 다양한 비즈니스 라인 간 프로세스 통합 관리
- 리스크 관리: 프로세스 상의 잠재적 리스크 식별 및 대응 방안 수립

Stacey 매트릭스

1. 개념
Stacey Matrix(스테이시 매트릭스)는 영국의 경영학자 랄프 스테이시 Ralph Stacey가 개발한 의사결정 및 문제해결 프레임워크로, 조직이 직면한 상황의 복잡성과 불확실성을 평가하고 그에 맞는 적절한 관리 접근법을 선택하는 데 도움을 주는 도구이다. 이 매트릭스는 문제나 상황의 특성에 따라 서로 다른 리더십 스타일과 의사결정 방식이 필요하다는 복잡성 이론(Complexity Theory)에 기반을 두고 있다.
Stacey Matrix는 두 가지 핵심 차원을 기준으로 상황을 분류한다.

1.1 합의 수준(Level of Agreement)
- 수평축에 위치하며, 의사결정자들 간에 '무엇을 해야 하는지'에 대한 합의 정도를 나타낸다.
- 합의가 높으면 '확실(close to certainty)'에 가깝고, 합의가 낮으면 '불확실(far from certainty)'에 가깝다.

1.2 확실성 수준(Level of Certainty)
- 수직축에 위치하며, 특정 의사결정이나 행동의 결과에 대한 예측 가능성을 나타낸다.
- 결과가 예측 가능하면 '확실'에 가깝고, 예측하기 어려우면 '불확실'에 가깝다.

1.3 두 축을 기준으로 매트릭스 주요 영역 구분
1.3.1 단순 영역(Simple Zone)
- 높은 합의, 높은 확실성
- 명확한 인과관계, 예측 가능한 결과
- 표준 절차와 모범 사례 적용 가능

1.3.2 복잡 영역(Complicated Zone)
- 중간 수준의 합의, 중간 수준의 확실성
- 분석을 통해 파악 가능한 인과관계

- 전문가 지식과 시스템적 분석 필요

1.3.3 복합 영역(Complex Zone)
- 낮은 합의, 낮은 확실성
- 패턴은 존재하지만 예측하기 어려움
- 실험, 적응적 접근, 창발적 전략 필요

1.3.4 혼돈 영역(Chaos Zone)
- 매우 낮은 합의, 매우 낮은 확실성
- 인과관계가 명확하지 않고 예측 불가능
- 즉각적 행동, 패턴 인식, 위기 대응 필요

1.3.5 무질서 영역(Disorder)
- 매트릭스 중앙, 어느 영역에 속하는지 불분명
- 상황 특성 파악이 우선 필요

2. 목적
- 상황 맞춤형 접근법 선택: 문제 특성에 맞는 의사결정 및 관리 방식 결정
- 복잡성 인식 제고: 조직이 직면한 문제의 복잡성 정도 인식
- 적절한 리더십 스타일 선택: 상황에 맞는 리더십 접근법 결정
- 의사결정 효과성 향상: 상황 특성에 맞는 의사결정 프로세스 적용
- 조직 변화 관리: 변화 이니셔티브의 특성에 맞는 변화 관리 접근법 선택
- 리스크 관리 강화: 불확실성과 복잡성을 고려한 리스크 관리 접근법

3. Stacey Matrix 활용 방법
3.1 상황 분석 및 평가
3.1.1 문제/상황 정의
- 평가할 문제, 의사결정, 프로젝트 명확화

3.1.2 합의 수준 평가
- 다음 질문을 통한 합의 수준 평가
- 이해관계자들 간에 목표에 대한 합의 수준은?
- 해결책에 대한 관점 차이는 얼마나 큰가?
- 가치관이나 우선순위 충돌이 존재하는가?

3.1.3 확실성 수준 평가
- 다음 질문을 통한 확실성 수준 평가
- 유사한 경험이나 선례가 있는가?
- 관련 데이터나 정보가 충분한가?
- 결과 예측이 얼마나 가능한가?
- 인과관계가 명확한가?

3.2 영역 판단 및 접근법 선택
3.2.1 단순 영역(Simple)
- 의사결정 접근법: 사실 기반, 정형화된 프로세스
- 리더십 스타일: 지시적(Directive)
- 실행 방식: 표준 운영 절차(SOP), 모범 사례, 체크리스트
- 핵심 활동: 인식 → 분류 → 대응

3.2.2 복잡 영역(Complicated)
- 의사결정 접근법: 분석 기반, 전문가 활용
- 리더십 스타일: 참여적(Participative)
- 실행 방식: 시스템적 분석, 시나리오 계획, 전문가 자문
- 핵심 활동: 인식 → 분석 → 대응

3.2.3 복합 영역(Complex)
- 의사결정 접근법: 실험 기반, 적응적 학습
- 리더십 스타일: 촉진적(Facilitative)
- 실행 방식: 프로토타입, 파일럿 테스트, 실험, 창발적 전략
- 핵심 활동: 탐색 → 감지 → 대응

3.2.4 혼돈 영역(Chaos)
- 의사결정 접근법: 행동 기반, 긴급 대응
- 리더십 스타일: 지시적 → 촉진적(상황 안정화 후)
- 실행 방식: 즉각적 행동, 위기 대응, 패턴 인식
- 핵심 활동: 행동 → 감지 → 대응

3.3 실행 계획 수립

- 접근법 구체화: 선택한 영역에 맞는 구체적 접근 방식 설계
- 이해관계자 소통: 선택한 접근법에 대한 이해관계자 이해와 동의 확보
- 자원 배분: 접근법에 맞는 적절한 자원(시간, 인력, 예산) 배분
- 모니터링 체계: 진행 상황 및 결과 모니터링 방법 설정

3.4 적응적 관리
- 지속적 재평가: 상황 변화에 따른 영역 이동 가능성 모니터링
- 접근법 조정: 필요시 의사결정 및 관리 접근법 조정
- 학습 사이클: 경험과 결과를 통한 지속적 학습 및 개선

4. 중소기업 CoachSulting에서의 Stacey Matrix 활용
4.1 중소기업 맞춤형 접근법
4.1.1 실용적 단순화
- 핵심 개념에 집중한 간결한 설명과 적용
- 일상 비즈니스 상황에 맞춘 사례와 예시 활용
- 직관적 이해를 돕는 시각적 도구 활용

4.1.2 자원 제약 고려
- 제한된 자원으로 효과적으로 적용 가능한 방법론 제시
- 단계적 적용을 통한 부담 최소화
- 외부 전문가 의존도를 줄인 자체 역량 강화 중심

4.1.3 의사결정 효율성 강화
- 중소기업의 신속한 의사결정 장점을 활용한 접근법
- 핵심 의사결정자(경영자/소유주) 중심 적용
- 비공식적 소통과 유연한 조직 문화 활용

4.2 활용 범위 및 효과
4.2.1 전략적 의사결정
- 사업 확장/다각화 결정: 불확실성 수준에 따른 진입 전략 수립
- 투자 결정: 투자 특성에 맞는 의사결정 프로세스 적용
- 장기 전략 수립: 미래 불확실성을 고려한 적응적 전략 개발

4.2.2 변화 관리 및 혁신

- 변화 이니셔티브 설계: 변화 특성에 맞는 접근법 선택
- 혁신 프로세스 최적화: 혁신 유형별 적합한 프로세스 설계
- 위기 대응 체계: 혼돈 상황에 대한 효과적 대응 체계 구축

4.2.3 프로젝트 관리
- 프로젝트 유형 분류: 프로젝트 특성에 따른 관리 방식 선택
- 방법론 선택: 전통적 방법론 vs. 애자일 등 상황에 맞는 방법론 선택
- 리스크 관리: 프로젝트 불확실성 수준에 맞는 리스크 관리 접근법

4.2.4 조직 구조 및 문화
- 조직 설계: 직면한 환경 복잡성에 맞는 조직 구조 설계
- 의사결정 분권화: 영역별 적합한 의사결정 권한 배분
- 학습 문화 조성: 복잡/복합 상황에 대응하는 조직 학습 역량 강화

4.2.5 문제해결 접근법
- 문제 유형 분류: 문제 특성에 따른 해결 접근법 선택
- 자원 배분 최적화: 문제 특성에 맞는 인력/시간/자원 배분
- 외부 협력 방식: 내부 해결 vs. 외부 전문가 활용 판단

Stakeholder 분석

1. 개념

이해관계자 분석(Stakeholder Analysis)은 프로젝트, 변화 이니셔티브, 전략적 결정 등에 영향을 미치거나 영향을 받는 개인, 그룹, 조직을 체계적으로 식별하고 분석하는 전략적 도구이다. 이 분석은 각 이해관계자의 특성, 관심사, 기대, 영향력, 태도 등을 평가하여 효과적인 관계 관리와 의사소통 전략을 수립하는 데 활용된다. 이해관계자 분석은 단순한 목록 작성을 넘어 이해관계자들 간의 복잡한 관계와 역학을 이해하고, 이들의 다양한 요구와 기대를 프로젝트나 전략에 효과적으로 반영하기 위한 구조화된 접근법을 제공한다. 핵심 이해관계자에 전략적으로 집중함으로써 기업의 생존과 성장에 필수적인 관계 자산을 체계적으로 구축하고 관리하는 데 큰 도움이 된다. 주요 구성요소는 다음과 같다.

- 이해관계자 식별: 직접/간접적으로 관련된 모든 이해관계자 목록화
- 이해관계자 특성 분석: 각 이해관계자의 관심사, 요구, 기대, 우려 파악
- 영향력-관심도 평가: 이해관계자의 영향력과 관심 수준 평가
- 이해관계자 매핑: 영향력과 관심도에 따른 이해관계자 분류 및 시각화
- 관계 분석: 이해관계자 간 관계와 상호작용 패턴 파악
- 영향 평가: 이해관계자가 프로젝트/변화에 미칠 수 있는 영향 분석
- 참여 전략: 각 이해관계자 유형별 효과적인 관리 및 소통 전략 수립

2. 목적

- 위험 관리 강화: 이해관계자 저항이나 지원 부족으로 인한 위험 관리
- 지지 기반 구축: 핵심 이해관계자의 지지와 협력 확보
- 커뮤니케이션 최적화: 각 이해관계자에 맞춘 효과적인 소통 전략 개발
- 자원 최적화: 제한된 관계 관리 자원의 효율적 배분
- 갈등 예방 및 관리: 이해관계자 간 잠재적 갈등 예측 및 관리
- 의사결정 품질 향상: 다양한 관점과 요구사항을 고려한 균형 잡힌 의사결정

- 변화 관리 효과성 제고: 변화 이니셔티브의 수용성 및 실행 효과성 향상

3. 이해관계자 분석 방법
3.1 이해관계자 식별 단계
3.1.1 브레인스토밍
- 프로젝트/이니셔티브와 관련된 모든 가능한 이해관계자 목록화

3.1.2 체계적 분류
- 내부/외부, 1차/2차, 기능별 등 다양한 기준으로 이해관계자 분류

3.1.3 관계 네트워크 탐색
- 알려진 이해관계자를 통해 추가 이해관계자 식별

3.1.4 누락 확인
- "누가 빠졌는가?"를 지속적으로 질문하며 포괄적 목록 구성

3.1.5 주요 범주 고려
- 내부: 경영진, 관리자, 직원, 부서, 팀
- 외부: 고객, 공급자, 협력사, 경쟁사, 규제기관, 지역사회, 투자자 등

3.2 이해관계자 특성 및 관계 분석 단계
3.2.1 이해관계자 프로필 작성
- 각 이해관계자에 대한 상세 정보 수집
- 역할, 책임, 관심사, 요구사항, 기대, 우려, 현재 태도

3.2.2 이해관계자 간 관계 분석
- 이해관계자 간 동맹, 갈등, 의존성 파악

3.2.3 영향력 원천 분석
- 각 이해관계자의 영향력 원천(공식적 권한, 자원 통제, 전문성 등) 파악

3.2.4 현재 관계 수준 평가
- 기존 관계의 질, 신뢰도, 소통 빈도 등 평가

3.2.5 핵심 영향 요소 식별
- 각 이해관계자의 지지/저항에 영향을 미치는 핵심 요소 파악

3.3 이해관계자 매핑 단계

3.3.1 영향력-관심도 매트릭스
- 이해관계자를 영향력과 관심도에 따라 2x2 매트릭스에 배치
- 고영향력-고관심(Key Players): 적극적 참여 유도
- 고영향력-저관심(Keep Satisfied): 충분한 정보 제공과 만족도 유지
- 저영향력-고관심(Keep Informed): 정기적 정보 제공
- 저영향력-저관심(Monitor): 최소한의 모니터링

3.3.2 지지도-영향력 매트릭스
- 프로젝트/변화에 대한 지지 수준과 영향력 기준 매핑

3.3.3 참여 수준 매트릭스
- 현재와 희망하는 참여 수준(인지, 저항, 중립, 지지, 주도) 비교

3.3.4 우선순위 설정
- 매핑 결과에 기반한 이해관계자 우선순위 결정

3.4 참여 전략 및 실행 계획 수립 단계
- 유형별 접근 전략 개발: 이해관계자 유형별 맞춤형 참여 전략 수립
- 소통 계획 수립: 메시지, 채널, 빈도, 형식 등 소통 계획 개발
- 참여 활동 계획: 회의, 워크숍, 인터뷰, 보고 등 구체적 활동 계획
- 위험 관리 계획: 저항이나 갈등 관리를 위한 대응 계획 수립
- 모니터링 계획: 이해관계자 태도와 참여 변화를 추적할 방법 정의

3.5 실행 및 조정 단계
- 계획 실행: 수립된 참여 전략과 소통 계획의 체계적 실행
- 피드백 수집: 이해관계자 반응과 피드백 지속적 수집
- 상황 변화 모니터링: 이해관계자 태도, 관계, 영향력 변화 추적
- 전략 조정: 수집된 정보와 변화에 기반한 접근법 지속적 조정
- 학습 및 개선: 경험을 통한 이해관계자 관리 역량 강화

4. 중소기업 CoachSulting에서의 이해관계자 분석 활용
4.1 중소기업 맞춤형 접근법
4.1.1 간소화된 프로세스
- 복잡한 분석보다 핵심 이해관계자 중심의 집중 분석

- 직관적이고 실용적인 도구와 템플릿 활용
- 빠른 실행을 위한 간결한 프로세스 설계

4.1.2 경영자 중심 접근
- 경영자의 기존 관계와 통찰 적극 활용
- 경영자의 직접 참여를 통한 분석 품질 및 수용성 제고
- 경영자의 개인적 관계 네트워크 강화 전략 포함

4.1.3 제한된 자원 고려
- 적은 인력으로도 효과적인 이해관계자 관리 방안 제시
- 비용 효율적인 소통 및 관계 구축 방법 활용
- 우선순위에 따른 선택과 집중 전략 수립

4.2 활용 범위 및 효과
4.2.1 전략적 의사결정 및 변화 관리
- 사업 확장/다각화: 새로운 사업 진출 시 관련 이해관계자 분석 및 관계 구축
- 조직 구조 변경: 내부 이해관계자 분석을 통한 효과적 변화 관리
- 디지털 전환: 디지털화에 따른 저항 관리 및 핵심 지지자 확보
- 인수합병: 인수 대상 기업의 이해관계자 분석 및 통합 전략 수립

4.2.2 핵심 관계 강화 및 확장
- 고객 관계 최적화: 핵심 고객과의 관계 강화 및 확장 전략
- 공급망 관계 관리: 중요 공급업체와의 협력 관계 개선
- 전략적 파트너십: 새로운 협력 파트너 발굴 및 관계 구축
- 인재 확보 네트워크: 핵심 인재 유치를 위한 영향력자 관계 구축

4.2.3 위기 및 갈등 관리
- 위기 대응 준비: 위기 상황에서 도움/방해될 수 있는 이해관계자 사전 파악
- 갈등 예방: 이해관계자 간 잠재적 갈등 요소 식별 및 예방
- 평판 관리: 기업 평판에 영향을 미치는 이해관계자 관리 전략
- 규제 대응: 규제 기관 및 관련 이해관계자와의 효과적 관계 구축

4.2.4 마케팅 및 영업 전략

- 시장 진입 전략: 새로운 시장 진입 시 핵심 이해관계자 분석 및 활용
- 영향력자 마케팅: 업계 영향력자를 통한 마케팅 전략 수립
- 레퍼런스 고객 개발: 전략적 레퍼런스 고객 식별 및 관계 강화
- 입소문 전략: 긍정적 구전을 확산시킬 수 있는 이해관계자 네트워크 구축

4.2.5 자원 및 역량 확보
- 자금 조달: 투자자, 금융기관 등 자금 관련 이해관계자 관계 구축
- 지식 및 정보 네트워크: 중요 정보와 통찰 획득을 위한 네트워크 강화
- 인적 자원 개발: 교육, 멘토링, 코칭 등을 지원할 이해관계자 확보
- 정부 지원 활용: 정부 지원 프로그램 접근을 위한 관계 구축

STP 분석

1. 개념
STP 분석은 효과적인 마케팅 전략 수립을 위한 3단계 프레임워크로, 시장 세분화(Segmentation), 타겟팅(Targeting), 포지셔닝(Positioning)의 약자이다. 이 분석법은 기업이 다양한 고객 집단의 특성과 니즈를 이해하고, 자사의 역량을 바탕으로 가장 적합한 시장을 선택하며, 선택한 시장에서 경쟁사와 차별화된 위치를 확립하는 체계적인 접근 방식을 제공한다.
주요 구성 요소는 다음과 같다.

1.1 시장 세분화(Segmentation)
- 전체 시장을 유사한 특성, 니즈, 행동을 가진 하위 집단으로 분류
- 각 세분 시장의 규모, 성장성, 특성, 요구사항 등을 분석
- 세분화 기준: 인구통계학적, 지리적, 심리적, 행동적 특성 등

1.2 타겟팅(Targeting)
- 세분화된 시장 중 기업의 강점과 기회를 고려하여 집중할 대상 선정
- 세분 시장의 매력도와 기업의 역량 간 적합성 평가
- 자원 배분 우선순위 결정

1.3 포지셔닝(Positioning)
- 선택한 타겟 시장에서 경쟁사와 차별화된 가치 제안 개발
- 고객 인식 속에 제품/서비스를 명확히 위치시키는 전략
- 핵심 가치와 차별점을 명확히 전달

2. 목적
- 효율적 자원 배분: 제한된, 특히 중소기업의 자원을 가장 효과적인 시장에 집중
- 고객 중심 접근: 고객 니즈와 특성에 기반한 맞춤형 마케팅 전략 개발
- 경쟁 차별화: 시장에서 명확한 차별점과 독특한 가치 제안 확립
- 마케팅 효과 극대화: 타겟 고객에게 최적화된 메시지와 채널로 마케팅

ROI 향상
- 제품 개발 지침: 고객 중심의 제품/서비스 개발 방향 제시
- 성장 기회 발굴: 미개발 또는 과소 서비스된 틈새시장 발견

3. STP 분석 사용 방법
3.1 시장 세분화(Segmentation) 단계
3.1.1 시장 조사 실시
- 고객 설문, 인터뷰, 데이터 분석을 통한 시장 이해

3.1.2 세분화 기준 선정
- 인구통계학적: 연령, 성별, 소득, 직업, 가족 구성 등
- 지리적: 국가, 지역, 도시 규모, 기후 등
- 심리적: 가치관, 라이프스타일, 태도, 관심사 등
- 행동적: 구매 빈도, 충성도, 사용량, 추구 혜택 등

3.1.3 세분 시장 프로필 개발
- 각 세분 시장의 특성, 니즈, 행동 패턴 상세 정의

3.1.4 세분 시장 평가
- 규모, 성장성, 접근성, 차별성 등 평가

3.2 타겟팅(Targeting) 단계
3.2.1 세분 시장 매력도 평가
- 시장 규모 및 성장률
- 경쟁 강도 및 진입 장벽
- 수익성 및 지속가능성
- 트렌드 및 장기적 전망

3.2.2 기업 역량 평가
- 제품/서비스 적합성
- 재무적/인적/기술적 자원
- 기존 고객 기반 및 유통 채널
- 브랜드 자산 및 차별화 요소

3.2.3 타겟 시장 선정 전략

- 집중화 전략: 단일 세분 시장에 모든 자원 집중
- 선택적 전문화: 복수의 관련 없는 세분 시장 선택
- 제품 전문화: 다양한 세분 시장에 단일 제품 제공
- 시장 전문화: 특정 고객군의 다양한 니즈 충족
- 전체 시장 커버: 모든 세분 시장 대상(대기업 주로 사용)

3.3 포지셔닝(Positioning) 단계
3.3.1 현재 시장 포지션 분석
- 경쟁사 제품/서비스 매핑
- 고객 인식 및 태도 조사
- 지각도(Perceptual Map) 작성

3.3.2 차별화 요소 식별
- 제품 특성, 품질, 디자인
- 서비스, 고객 지원, 경험
- 브랜드 이미지, 가치, 전통
- 가격, 접근성, 편의성

3.3.3 포지셔닝 전략 개발
- 핵심 가치 제안(Value Proposition) 정의
- 포지셔닝 문장 작성: "우리는 [타겟 고객]에게 [주요 혜택]을 제공하는 [제품 카테고리]이다. [차별점]"
- 브랜드 메시지와 시각적 아이덴티티 개발

3.3.4 포지셔닝 테스트 및 실행
- 타겟 고객 대상 포지셔닝 개념 테스트
- 마케팅 믹스(4P/7P) 전략에 포지셔닝 통합
- 일관된 메시지 전달을 위한 내부 교육 및 커뮤니케이션

4. 중소기업 CoachSulting에서의 STP 활용
4.1 중소기업 맞춤형 접근법
4.1.1 자원 최적화 중심 접근
- 제한된 자원을 고려한 실현 가능한 STP 전략 개발

- 비용 효율적인 시장 조사 방법 활용(소규모 인터뷰, 온라인 조사 등)
- 단계적 타겟 시장 확장 전략 설계

4.1.2 틈새시장 중심 전략
- 대기업이 간과하는 틈새시장 발굴에 초점
- 지역 중심, 특화 서비스 중심의 세분화 전략
- 대기업과의 직접 경쟁을 피한 차별화 포지셔닝

4.1.3 실행 가능성 강조
- 이론적 완벽함보다 실행 가능성 중시
- 즉시 실행 가능한 단기 전략과 장기 방향성 균형
- 내부 역량 강화와 STP 실행 병행

4.2 활용 범위 및 효과
4.2.1 신규 사업 전략 수립
- 사업 아이디어 타당성 평가 및 구체화
- 진입 시장 선정 및 초기 고객층 정의
- 차별화된 가치 제안 개발로 성공적 시장 진입

4.2.2 제품/서비스 개발 및 혁신
- 고객 중심 제품 개발 지침 제공
- 타겟 고객 니즈에 맞춘 제품 스펙 및 기능 우선순위 설정
- 제품 라인업 및 서비스 포트폴리오 최적화

4.2.3 마케팅 효율성 제고
- 제한된 마케팅 예산의 ROI 극대화
- 타겟 고객에게 효과적인 메시지와 채널 선정
- 브랜드 인지도 및 충성도 향상 전략

4.2.4 성장 전략 및 시장 확장
- 기존 고객 기반에서 인접 시장으로의 확장 전략
- 새로운 지역 또는 고객 세그먼트 진입 로드맵
- 글로벌 시장 진출 시 현지화 전략

4.2.5 경쟁 대응 및 차별화
- 경쟁사 분석 및 대응 전략 수립

- 시장 내 독특한 포지션 구축으로 경쟁 압력 감소
- 지속가능한 경쟁 우위 확보 방안

Succession Planning

1. 개념
승계계획(Succession Planning)은 조직의 핵심 리더십과 주요 직책의 미래 승계자를 체계적으로 발굴, 육성하고 전환하는 전략적 프로세스이다. 이는 현 리더나 핵심 인재의 퇴직, 이직, 승진 등으로 인한 공백에 대비하여 조직의 지속가능성과 안정성을 확보하는 중요한 리스크 관리 도구이다. 단순한 인사 교체 계획을 넘어 조직의 장기적 비전, 전략적 방향성, 핵심 가치를 반영하는 종합적인 인재 개발 및 지식 전수 체계를 포함한다.

2. 목적
- 조직 연속성 확보: 리더십 및 핵심 직책의 공백으로 인한 업무 중단 최소화
- 지식 및 노하우 보존: 조직 내 축적된 암묵지와 경험의 체계적 전수
- 미래 인재 육성: 조직의 미래를 이끌 차세대 리더 체계적 육성
- 전략적 인적자원 관리: 장기적 관점의 인재 확보, 개발, 유지 전략 수립
- 리스크 관리: 핵심 인재 의존도 감소 및 예기치 못한 인적 위기 대응력 강화
- 기업 가치 보존 및 증대: 소유권과 경영권 전환 과정의 안정적 관리
- 전략적 정렬: 미래 리더십 역량을 조직의 장기 전략과 연계
- 변화 대응력 강화: 시장 및 경영 환경 변화에 적응할 수 있는 유연한 리더십 구축

3. 승계계획 수립 및 실행 방법
3.1 준비 및 분석 단계
- 핵심 직책 식별: 조직의 성공과 연속성에 중요한 핵심 직책 파악
- 리스크 평가: 핵심 직책별 승계 공백 리스크 분석 (예: 퇴직 예정 시기, 대체 인력 가용성)
- 요구 역량 정의: 현재와 미래에 필요한 리더십 및 직무 역량 정의

- 현 인력 평가: 현 임원 및 핵심 인재의 성과, 잠재력, 경력 계획 분석
- 이해관계자 참여: 승계계획에 영향을 주고받는 주요 이해관계자 식별 및 참여 확보

3.2 승계자 풀 구축 단계
- 내부 인재 평가: 현 조직 구성원 중 잠재적 승계자 식별 및 평가
- 잠재력 측정: 미래 리더로서의 잠재 역량 및 적합성 평가
- 승계자 매트릭스 개발: 성과와 잠재력에 따른 인재 분류 및 매핑
- 갭 분석: 필요 역량과 현재 역량 간의 격차 분석
- 외부 인재 검토: 필요시 외부 영입 가능성 및 조건 검토

3.3 개발 계획 수립 단계
- 개인별 개발 계획: 잠재 승계자별 맞춤형 역량 개발 로드맵 수립
- 육성 방법론 선정: 멘토링, 코칭, 작업 경험, 교육 프로그램 등 개발 방법 설계
- 지식 전수 체계화: 암묵지 및 핵심 노하우 전수를 위한 구조화된 프로세스 개발
- 실전 경험 설계: 리더십 역량 강화를 위한 실무 경험 및 프로젝트 기회 제공
- 측정 및 피드백: 개발 진행 상황 모니터링 및 피드백 체계 수립

3.4 전환 관리 단계
- 전환 계획 수립: 구체적인 권한 이양 및 책임 전환 일정 수립
- 의사소통 전략: 내외부 이해관계자 대상 승계 관련 커뮤니케이션 계획
- 리스크 관리: 전환 과정의 잠재적 리스크 식별 및 대응 방안 마련
- 문화적 통합: 신규 리더십의 조직 문화 통합 및 수용성 제고 방안
- 성과 모니터링: 승계 후 안정화 및 성과 모니터링 체계

3.5 지속적 관리 단계
- 정기적 검토: 승계 계획의 정기적 평가 및 업데이트
- 승계 파이프라인 관리: 지속적인 인재 파이프라인 구축 및 관리
- 환경 변화 대응: 비즈니스 환경 및 전략 변화에 따른 승계 요구사항 조정
- 제도화: 승계계획을 조직 문화와 시스템에 내재화
- 피드백 반영: 실제 승계 경험을 바탕으로 프로세스 개선

4. 중소기업 CoachSulting에서의 승계계획 활용
4.1 중소기업 맞춤형 접근법
4.1.1 가족기업 특성 고려
- 가족 구성원 간 역학관계와 소유-경영 분리 문제 고려
- 세대 간 가치관과 경영 스타일 차이 조율
- 가족 내외 승계자 선정의 객관적 기준 설정

4.1.2 자원 제약 대응
- 제한된 인력과 자원으로 실행 가능한 간소화된 승계 모델 개발
- 핵심 직책과 지식에 집중한 우선순위 기반 접근법
- 외부 자문과 내부 개발의 효율적 조합

4.1.3 맞춤형 단계적 접근
- 창업자/소유주의 개인적 요구와 조직 요구의 균형 고려
- 단기, 중기, 장기 관점의 단계적 승계 계획 수립
- 기업 성장 단계에 맞춘 유연한 승계 전략 설계

4.2 활용 범위 및 효과
4.2.1 창업자/소유주 승계 관리
- 창업자 증후군 극복: 창업자 중심 경영에서 전문 경영 체계로의 전환
- 가업 승계 체계화: 가족 구성원 간 또는 전문 경영인으로의 체계적 승계
- 개인 자산과 기업 자산의 분리: 재무적, 법적 측면의 계획적 승계 관리
- 세금 및 법적 고려사항: 상속세, 증여세 등 세금 최적화 및 법적 리스크 관리

4.2.2 핵심 인재 및 지식 관리
- 핵심 지식 보존: 중소기업의 경쟁력인 고유 기술과 노하우의 체계적 전수
- 핵심 인재 유지: 미래 성장 기회 제시를 통한 핵심 인재 이탈 방지
- 기술 격차 해소: 차세대 리더/전문가 육성을 통한 기술 격차 최소화
- 지적 자산 보호: 암묵지의 형식지화를 통한 조직 지식 자산화

4.2.3 조직 성장 및 변화 관리
- 성장 병목 해소: 리더십과 의사결정 병목 현상 해소를 위한 권한 위임
- 조직 구조 고도화: 창업자 중심에서 기능별/사업별 전문 경영 체계로 전환

- 거버넌스 체계 구축: 이사회, 자문단 등 전문적 거버넌스 체계 수립
- 변화 관리: 리더십 변화에 따른 조직 문화와 운영 방식의 안정적 전환

4.2.4 전략적 방향성 및 지속가능성
- 장기 비전 연속성: 창업자의 비전과 가치를 계승한 지속가능한 성장 경로 수립
- 사업 모델 혁신: 새로운 리더십을 통한 사업 모델 혁신 및 시장 적응력 강화
- 위기 대응력 강화: 예상치 못한 리더십 공백 상황에 대한 대응 체계 구축
- 이해관계자 신뢰 유지: 고객, 공급자, 금융기관 등 외부 이해관계자 신뢰 유지

SWOT 분석

1. 개념
SWOT 분석은 조직의 내부 환경(강점, 약점)과 외부 환경(기회, 위협)을 체계적으로 분석하여 전략을 수립하는 도구이다. SWOT은 다음의 약자로 구성된다.

- Strengths (강점): 조직이 보유한 내부적 우위 요소
- Weaknesses (약점): 조직의 내부적 열위 요소
- Opportunities (기회): 외부 환경에서 조직에 유리한 요소
- Threats (위협): 외부 환경에서 조직에 불리한 요소

2. 목적
- 현황 진단: 조직의 현재 상태를 객관적으로 진단
- 전략적 방향 설정: 내외부 환경 분석을 통한 전략적 방향 수립
- 자원 최적화: 강점을 활용하고 약점을 보완하는 자원 배분 최적화
- 기회 활용: 외부 환경의 기회 요인을 적극적으로 활용
- 위험 관리: 잠재적 위협 요소에 대한 선제적 대응
- 경쟁 우위 발견: 지속가능한 경쟁 우위 요소 식별

3. SWOT 분석 요소별 핵심 내용
3.1 강점(Strengths)
3.1.1 정의
- 조직이 보유한 독특한 자원과 역량으로, 경쟁 우위를 창출하는 요소

3.1.2 분석 영역
- 핵심 기술 및 지식
- 재무적 강점 (수익성, 현금 흐름)
- 브랜드 및 평판
- 인적 자원과 조직 문화

- 독점적 자산 (특허, 독점 계약 등)

3.1.3 핵심 질문
- "우리 조직만의 고유한 강점은 무엇인가?"

3.2 약점(Weaknesses)

3.2.1 정의
- 조직의 성과를 저해하는 내부적 요소 또는 경쟁 열위 요소

3.2.2 분석 영역
- 역량 및 기술 부족
- 재무적 제약
- 운영상 비효율성
- 인프라 및 시스템 한계
- 시장 인지도 및 브랜드 약점

3.2.3 핵심 질문
- "우리가 개선해야 할 내부적 약점은 무엇인가?"

3.3 기회(Opportunities)

3.3.1 정의
- 외부 환경에서 발생하는 유리한 상황이나 조직의 성장 가능성

3.3.2 분석 영역
- 시장 트렌드 및 성장 기회
- 기술적 혁신과 변화
- 규제 및 정책 변화
- 경쟁 환경의 변화
- 새로운 고객 세그먼트

3.3.3 핵심 질문
- "우리가 활용할 수 있는 외부 환경의 기회는 무엇인가?"

3.4 위협(Threats)

3.4.1 정의

- 조직의 성과나 생존을 위협할 수 있는 외부 환경 요소

3.4.2 분석 영역
- 경쟁 심화
- 고객 니즈 변화
- 기술 변화 및 파괴적 혁신
- 경제적 불확실성
- 불리한 규제 변화

3.4.3 핵심 질문
- "우리 조직을 위협하는 외부 요인은 무엇인가?"

4. SWOT 분석 프로세스
4.1 준비 단계
- 분석 목적 명확화: SWOT 분석의 구체적 목적 설정 (전략 수립, 문제 해결 등)
- 참여자 선정: 다양한 부서와 직급의 관점을 포함할 수 있는 참여자 구성
- 정보 수집: 내부 데이터, 시장 조사, 경쟁사 정보 등 필요 자료 수집

4.2 SWOT 요소 분석 단계
- 브레인스토밍: 각 SWOT 요소에 대한 자유로운 아이디어 제시
- 객관적 증거 기반: 주관적 의견보다 사실과 데이터에 기반한 분석
- 우선순위화: 각 요소별 중요도에 따른 우선순위 설정
- 내부 일치 확인: 다양한 참여자 간의 인식 차이 조정 및 합의

4.3 SWOT 매트릭스 작성
4.4 전략 도출 단계 (TOWS 분석)
- SO 전략: 강점을 활용하여 기회를 최대화 (성장/공격 전략)
- WO 전략: 약점을 극복하여 기회를 활용 (개선 전략)
- ST 전략: 강점을 활용하여 위협에 대응 (방어 전략)
- WT 전략: 약점과 위협을 최소화 (회피/철수 전략)

4.5 실행 계획 수립
- 전략적 우선순위 결정: 도출된 전략의 중요성과 실행 가능성 평가
- 구체적 행동 계획: 책임자, 일정, 자원 배분을 포함한 상세 계획 수립

- 성과 측정 방법: 전략 실행의 성과를 측정할 KPI 설정

5. 중소기업 CoachSulting에서의 SWOT 활용
5.1 중소기업 맞춤형 접근법
5.1.1 간소화된 프로세스
- 1-2일 워크숍 형식의 효율적 진행
- 핵심 이해관계자(소유주, 경영진, 핵심 직원) 중심 참여
- 실용적이고 실행 가능한 결과물 도출

5.1.2 자원 제약 고려
- 제한된 자원을 최대한 활용할 수 있는 전략 중점
- 단계적 실행이 가능한 현실적 계획 수립
- 투자 대비 효과가 높은 영역 우선 접근

5.1.3 경영자 중심 접근
- 창업자/소유주의 비전과 가치 반영
- 핵심 의사결정자의 직접 참여로 실행력 확보
- 중소기업 특유의 의사결정 체계 고려

5.2 활용 범위 및 효과
5.2.1 사업 전략 수립
- 성장 전략 개발: 규모 확대 vs. 특화 전략 결정
- 시장 포지셔닝: 차별화 요소 식별 및 강화
- 제품/서비스 개발: 고객 니즈와 내부 역량 연계

5.2.2 경영 혁신 및 개선
- 프로세스 개선: 비효율적 운영 프로세스 식별 및 개선
- 조직 구조 최적화: 성장에 따른 조직 구조 조정
- 인재 관리: 핵심 인재 확보 및 유지 전략

5.2.3 위기 관리 및 회복
- 위험 요소 조기 파악: 잠재적 위험의 선제적 식별
- 취약점 보완 전략: 핵심 약점 개선 우선순위 설정
- 비상 계획 수립: 주요 위협에 대한 대응 방안 마련

5.2.4 마케팅 및 영업 전략
- 타겟 시장 선정: 강점을 활용할 수 있는 최적 시장 식별
- 마케팅 메시지 개발: 차별화 포인트 기반 커뮤니케이션
- 고객 관계 관리: 고객 유지 및 확장 전략

5.2.5 자원 배분 최적화
- 투자 우선순위: 제한된 자원의 효과적 배분
- 아웃소싱 vs. 내재화: 핵심/비핵심 활동 구분
- 전략적 제휴: 약점 보완을 위한 파트너십 기회

TOC(제약이론)

1. 개념
TOC(Theory of Constraints, 제약이론)는 1980년대 물리학자 엘리야후 골드랫 Eliyahu M. Goldratt이 개발한 경영 철학 및 방법론으로, 시스템의 성과는 가장 약한 연결고리(제약)에 의해 결정된다는 원리에 기반한다. TOC는 모든 조직이 목표 달성을 방해하는 하나 이상의 제약요소를 가지고 있으며, 이 제약을 식별하고 관리하는 것이 전체 시스템의 성과 향상을 위한 가장 효과적인 접근법이라고 주장한다. 제약은 물리적(설비, 자원 등), 정책적(규칙, 관행 등), 또는 행동적(사고방식, 태도 등) 형태를 띨 수 있다. TOC의 핵심 원리는 다음과 같다.

- 체인 원리: 시스템은 상호 의존적인 연결 고리의 체인과 같으며, 가장 약한 고리(제약)가 전체 성과를 결정
- 집중의 원리: 제한된 자원을 가장 큰 효과를 낼 수 있는 제약에 집중 투입
- 글로벌 최적화: 부분 최적화보다 전체 시스템의 최적화가 중요
- 지속적 개선: 현재 제약 해결 후 다음 제약으로 이동하는 끊임없는 개선 과정

2. 목적
- 시스템 성과 극대화: 전체 시스템의 산출량과 수익성 향상
- 자원 활용 최적화: 제한된 자원의 효율적 활용을 통한 최대 가치 창출
- 병목 현상 해소: 프로세스 흐름을 저해하는 병목 제거
- 의사결정 기준 제공: 자원 배분 및 개선 우선순위 결정을 위한 명확한 기준 제공
- 지속적 개선 촉진: 체계적인 제약 관리를 통한 지속적 성과 향상
- 복잡성 감소: 소수의 핵심 제약에 집중함으로써 관리 복잡성 축소
- 변화 관리 효율화: 제약 중심 접근을 통한 효과적인 변화 관리

3. TOC 활용 방법론
3.1 5단계 집중 개선 프로세스 (Five Focusing Steps)
3.1.1 제약 식별(Identify)
- 시스템 성과를 제한하는 제약 요소 파악
- 프로세스 맵핑, 데이터 분석, 현장 관찰 등을 통한 제약 지점 식별
- 자원 활용률, 대기 시간, 재고 축적 등 병목 징후 탐색

3.1.2 제약 활용 극대화(Exploit)
- 현재 제약의 효율성 최대화
- 기존 자원 내에서 제약 활용도 향상 방안 모색
- 불필요한 다운타임, 품질 문제, 비효율적 작업 방식 제거

3.1.3 비제약 요소 종속(Subordinate)
- 다른 모든 활동을 제약에 맞춰 조정
- 제약 요소의 활용을 극대화하도록 전체 시스템 흐름 재조정
- 비제약 영역의 과잉 생산 방지 및 제약 중심 일정 계획 수립

3.1.4 제약 향상(Elevate)
- 충분한 개선이 이루어지지 않을 경우 자원 투입 확대
- 추가 인력, 설비, 교육, 투자 등을 통한 제약 용량 증대
- 아웃소싱, 기술 업그레이드 등 외부 자원 활용

3.1.5 반복(Repeat)
- 제약이 해소되면 다음 제약으로 이동하여 과정 반복
- 새로운 제약 식별 및 프로세스 재시작
- 지속적 개선 사이클 유지

3.2 사고 프로세스(Thinking Processes)
- 현재 실상도(Current Reality Tree): 현재 문제의 원인-결과 관계 분석
- 갈등 해소도(Conflict Resolution Diagram/Evaporating Cloud): 상충되는 요구사항 해결
- 미래 실상도(Future Reality Tree): 제안된 해결책의 효과 예측
- 선행 조건도(Prerequisite Tree): 목표 달성을 위한 장애물과 중간 목표 식별

- 전환 트리(Transition Tree): 구체적 실행 계획 수립

3.3 드럼-버퍼-로프(Drum-Buffer-Rope) 생산 관리
제조 환경에서 제약 중심의 생산 흐름 관리 시스템
- 드럼(Drum): 제약 자원의 작업 일정이 전체 생산 리듬 결정
- 버퍼(Buffer): 제약 자원 앞에 시간 버퍼를 두어 중단 없는 작업 보장
- 로프(Rope): 제약 소비 속도에 맞춰 자재 투입을 제어하는 신호 체계

3.4 스루풋 회계(Throughput Accounting)
TOC 기반의 재무 관리 및 의사결정 프레임워크
- 스루풋(Throughput): 판매를 통해 생성된 돈(판매가 - 완전 변동비)
- 재고/투자(Inventory/Investment): 판매 목적으로 시스템이 구매한 것
- 운영비용(Operating Expense): 재고를 스루풋으로 전환하는 비용
- 의사결정은 이 세 가지 지표에 미치는 영향을 기준으로 평가한다.

4. 중소기업 CoachSulting에서의 TOC 활용
4.1 중소기업 맞춤형 접근법
4.1.1 간소화된 적용
- 핵심 제약에 집중한 선별적 적용으로 빠른 성과 창출
- 복잡한 분석 도구보다 직관적이고 실용적인 접근법 활용
- 경영진이 쉽게 이해하고 수용할 수 있는 형태로 개념 단순화

4.1.2 자원 제약 고려
- 제한된 자원 환경에서 최대 효과를 낼 수 있는 개선 영역 우선화
- 적은 투자로 큰 효과를 낼 수 있는 "저비용-고효율" 해결책 개발
- 단계적 구현을 통한 투자 리스크 분산

4.1.3 경영자 중심 실행
- 창업자/경영자의 리더십과 의사결정 패턴 변화에 초점
- 핵심 관리자 소수 집중 교육을 통한 실행력 확보
- 빠른 의사결정 구조를 활용한 신속한 변화 구현

4.2 활용 범위 및 효과
4.2.1 생산 운영 최적화

- 생산 흐름 개선: 병목 공정 식별 및 해소를 통한 생산성 향상
- 납기 신뢰성 향상: 버퍼 관리를 통한 고객 납기 준수율 개선
- 재고 최적화: 전략적 재고 배치를 통한 재고 수준 감소와 가용성 향상
- 생산 계획 개선: 제약 중심의 효율적 생산 계획 및 일정 수립

4.2.2 서비스 운영 효율화
- 서비스 처리 역량 향상: 고객 응대 프로세스의 제약 식별 및 해소
- 리소스 배분 최적화: 피크 타임 및 핵심 서비스 영역에 자원 집중
- 고객 대기 시간 감소: 서비스 흐름 제약 관리를 통한 응답 시간 개선
- 서비스 품질 일관성 확보: 핵심 품질 제약 요소 관리

4.2.3 프로젝트 관리 강화
- 주요 경로 관리: 프로젝트 핵심 경로(Critical Chain) 중심 관리
- 일정 신뢰성 향상: 전략적 시간 버퍼 배치로 일정 준수율 개선
- 자원 충돌 해소: 제약 자원의 효율적 배분을 통한 다중 프로젝트 관리
- 범위 관리 최적화: 프로젝트 성공에 핵심적인 요소에 집중

4.2.4 영업 및 마케팅 성과 향상
- 영업 병목 해소: 영업 프로세스 내 전환율 저하 지점 개선
- 시장 제약 대응: 시장 침투 제약 요인 식별 및 전략적 대응
- 제품 믹스 최적화: 제약 자원 관점에서의 최적 제품 포트폴리오 설계
- 고객 세분화 전략: 제약 활용 극대화를 위한 고객 타겟팅 최적화

4.2.5 재무 관리 개선
- 수익성 향상: 스루풋 회계를 통한 의사결정 최적화
- 투자 우선순위 설정: 제약 해소 관점의 자본 투자 의사결정
- 현금 흐름 개선: 시스템 흐름 개선을 통한 운전자본 최적화
- 가격 전략 최적화: 제약 자원 단위 기준의 수익성 분석 및 가격 설정

Value Chain 분석

1. 개념
Value Chain(가치 사슬) 분석은 마이클 포터 Michael Porter가 1985년 개발한 전략적 분석 도구로, 기업이 원재료를 최종 제품이나 서비스로 변환하는 과정에서 가치가 어떻게 창출되는지 체계적으로 분석한다. 이 모델은 기업의 활동을 일련의 연결된 가치 창출 활동으로 분해하여 각 활동의 비용, 가치 기여도, 차별화 가능성을 평가함으로써 경쟁 우위의 원천을 파악하는 데 도움을 준다.
Value Chain은 크게 다음의 두 가지 유형의 활동으로 구분된다.

1.1 주요 활동(Primary Activities)
- 제품/서비스의 물리적 생산, 판매, 전달, 사후 서비스와 직접 관련된 활동
- 조달 물류(Inbound Logistics): 원자재 수령, 보관, 투입 관리
- 운영(Operations): 제품/서비스 생산 과정
- 출하 물류(Outbound Logistics): 완제품 저장 및 고객 배송
- 마케팅 및 판매(Marketing & Sales): 고객 인지도 창출 및 구매 촉진
- 서비스(Service): 판매 후 가치 유지/강화 활동

1.2 지원 활동(Support Activities)
- 주요 활동을 지원하고 효율성을 높이는 활동
- 기업 인프라(Firm Infrastructure): 경영, 계획, 재무, 법무 등 전반적 지원
- 인적 자원 관리(Human Resource Management): 채용, 교육, 보상 등
- 기술 개발(Technology Development): 제품/프로세스 개선, R&D
- 조달(Procurement): 필요 자원의 구매 활동

2. 목적
- 경쟁 우위 원천 발견: 가치 창출 및 비용 측면에서 경쟁 우위를 제공하는 활동 식별

- 부가가치 분석: 각 활동이 최종 제품/서비스 가치에 얼마나 기여하는지 평가
- 비용 구조 최적화: 비용 발생 원인을 파악하고 효율화 기회 발견
- 차별화 요소 식별: 경쟁사 대비 차별화 가능한 활동 영역 발견
- 전략적 의사결정 지원: 아웃소싱, 수직적 통합, 자원 배분 등 의사결정 지원
- 혁신 기회 발견: 가치 사슬 재구성을 통한 혁신 가능성 탐색

3. Value Chain 분석 프로세스

3.1 가치 활동 식별 및 분해
- 활동 매핑: 기업의 전체 가치 사슬을 구성하는 모든 활동 식별
- 상세 분해: 주요/지원 활동을 더 작은 세부 활동으로 분해
- 연결성 파악: 활동 간의 연관성과 영향 관계 분석

3.2 가치 및 비용 분석
- 비용 배분: 각 활동에 할당된 비용 분석
- 가치 측정: 각 활동이 고객 가치 창출에 기여하는 정도 평가
- 마진 분석: 총 가치와 총 비용의 차이로 나타나는 마진 계산

3.3 경쟁 우위 분석
- 경쟁사 비교: 경쟁사 가치 사슬과의 비교 분석
- 차별화 기회: 차별화 가능한 활동 영역 식별
- 비용 우위 기회: 비용 우위를 확보할 수 있는 활동 식별

3.4 전략적 대안 개발
- 개선 기회 도출: 가치 향상 또는 비용 절감이 가능한 영역 발견
- 활동 재구성: 가치 사슬 구조 재설계 가능성 검토
- 자원 재배분: 전략적 중요도에 따른 자원 재배분 계획

3.5 실행 계획 수립
- 우선순위 설정: 개선 이니셔티브의 우선순위 결정
- 구체적 실행 계획: 활동별 개선 방안 및 실행 단계 수립
- 성과 측정 체계: 개선 효과 측정을 위한 KPI 설정

4. 중소기업 CoachSulting에서의 Value Chain 활용

4.1 중소기업 맞춤형 접근법
4.1.1 간소화된 분석
- 핵심 활동 중심의 집중 분석
- 직관적이고 실무적인 분석 도구 활용
- 데이터 제약을 고려한 유연한 평가 방법

4.1.2 자원 제약 고려
- 제한된 자원으로 최대 효과를 창출할 활동 집중
- 단계적 개선 접근법 적용
- 외부 자원 활용 (파트너십, 아웃소싱) 기회 탐색

4.1.3 실행 중심 결과물
- 즉시 적용 가능한 실용적 개선안 도출
- 빠른 성과 창출이 가능한 영역 우선 접근
- 명확한 책임과 일정이 포함된 실행 계획

4.2 활용 범위 및 효과
4.2.1 비용 최적화
- 비용 구조 가시화: 활동별 비용 발생 원인과 배분 명확화
- 비효율 영역 식별: 비용 대비 가치 창출이 낮은 활동 발견
- 선택적 투자/절감: 전략적 중요도에 따른 비용 재분배

4.2.2 차별화 전략 개발
- 핵심 역량 발견: 독특한 가치를 창출하는 핵심 활동 식별
- 차별화 기회: 경쟁사 대비 차별화 가능한 활동 영역 도출
- 고객 가치 강화: 고객이 특히 가치를 두는 활동 강화 방안

4.2.3 프로세스 혁신
- 가치 흐름 최적화: 비효율적 프로세스 및 병목 현상 개선
- 활동 간 연계 강화: 활동 간 인터페이스 개선으로 시너지 창출
- 디지털 전환 기회: 디지털 기술 적용으로 가치 사슬 강화 가능 영역

4.2.4 협력 및 파트너십

- 아웃소싱 결정: 전략적 중요도와 역량 기반 아웃소싱 판단
- 파트너 선정 기준: 가치 사슬 강화에 기여할 수 있는 파트너 평가
- 수직적 통합: 가치 사슬 통합 기회 평가

4.2.5 신규 사업 모델 개발
- 가치 창출 재정의: 새로운 가치 창출 방식 발견
- 신규 역량 개발: 미래 경쟁력을 위한 역량 개발 방향
- 사업 다각화: 핵심 역량 기반 다각화 기회 탐색

Visioning

1. 개념
비전설정(Visioning)은 조직이 미래에 도달하고자 하는 이상적인 상태를 명확하게 정의하고, 이를 조직 전체가 공유하는 과정이다. 조직의 존재 이유(미션)와 핵심 가치를 기반으로, 조직이 나아가고자 하는 방향과 달성하고자 하는 미래상을 구체화하는 전략적 도구이다.

2. 목적
- 방향성 제시: 조직의 모든 의사결정과 활동에 일관된 방향성 제공
- 구성원 동기부여: 공동의 목표와 미래상을 통한 조직 구성원 참여와 헌신 유도
- 전략적 초점: 제한된 자원의 효과적 배분을 위한 우선순위 설정 기준 제공
- 차별화: 경쟁사와 구별되는 조직의 고유한 정체성과 가치 명확화
- 조직 통합: 다양한 부서와 기능의 활동을 통합하는 공통 목표 설정
- 변화 촉진: 현 상태와 이상적 미래 간의 격차 인식을 통한 변화 동기 부여

3. 비전설정 프로세스 및 방법론
3.1 비전설정의 주요 단계
3.1.1 준비 단계
- 핵심 참여자 선정: 경영진, 중간관리자, 핵심 직원 등 주요 이해관계자 포함
- 기초 정보 수집: 내부 역량, 시장 환경, 고객 니즈, 경쟁 상황 분석
- 현 상태 평가: 조직의 강점, 약점, 핵심 역량, 차별화 요소 파악
- 프로세스 설계: 워크숍 형식, 일정, 방법론 결정

3.1.2 비전 요소 탐색 단계
- 미션 검토: 조직의 존재 이유와 목적 확인/재정립

- 핵심 가치 정의: 조직의 근본적 신념과 행동 원칙 도출
- 미래 환경 예측: 5~10년 후 산업과 시장 환경 예측
- 이상적 미래상 구상: 다양한 이해관계자 관점에서 성공적인 미래 모습 탐색

3.1.3 비전 구체화 단계
- 비전 초안 개발: 핵심 요소를 통합한 비전 문장 초안 작성
- 테스트 및 정제: 다양한 이해관계자 피드백 수렴 및 비전 수정
- 확장 요소 개발: 비전을 지원하는 전략적 목표, 행동 원칙 등 보완 요소 개발
- 최종 비전 확정: 간결하고 영감을 주는 형태로 비전 최종화

3.1.4 실행 및 내재화 단계
- 커뮤니케이션 계획: 다양한 채널을 통한 비전 확산 전략 수립
- 전략적 연계: 비전을 지원하는 구체적 전략과 행동 계획 수립
- 평가 체계 구축: 비전 달성 진척도 측정을 위한 지표 개발
- 문화적 내재화: 일상 업무와 의사결정에 비전 반영

3.2 효과적인 비전의 특성
- 간결명료: 쉽게 이해하고 기억할 수 있는 명확한 표현
- 영감적: 구성원들에게 동기와 에너지를 부여하는 긍정적 메시지
- 도전적: 현 상태를 넘어서는 의미 있는 도전 제시
- 현실적: 달성 가능성이 있는 합리적 목표
- 독특성: 조직의 고유한 정체성과 차별점 반영
- 포용적: 다양한 이해관계자의 관점과 이익 포괄
- 시간 지향적: 구체적인 시간 프레임 설정

4. 중소기업 CoachSulting에서의 활용
4.1 중소기업 특화 접근법
4.1.1 간소화된 프로세스
- 소규모 워크숍(1~2일) 형식으로 경영진 직접 참여
- 핵심 비전 요소에 집중한 효율적 진행
- 실행 가능한 구체적 결과물 도출

4.1.2 실용적 비전 개발
- 시장 틈새 및 특화 영역 명확화
- 2~3년의 현실적 시간 범위 설정
- 제한된 자원 내에서 실현 가능한 목표 설정

4.1.3 경영자 중심 접근
- 창업자/경영자의 가치관과 철학 반영
- 소유주 비전과 조직 비전의 조화
- 후계자 계획과 연계한 장기 비전 수립

4.2 활용 범위 및 효과
4.2.1 성장 전략 수립
- 규모 확대 vs. 전문화 방향 설정
- 새로운 시장/제품 진출 결정
- 차별화 포인트 명확화

4.2.2 조직 재구성
- 성장에 따른 조직 구조 변화 방향 제시
- 인재 확보 및 개발 전략 수립
- 리더십 승계 계획 수립

4.2.3 브랜딩 및 마케팅
- 기업 이미지 및 브랜드 정체성 강화
- 마케팅 메시지의 일관성 확보
- 고객 가치 제안 명확화

4.2.4 파트너십 및 투자 유치
- 전략적 파트너 선정 기준 제공
- 투자자에게 명확한 성장 스토리 제시
- 외부 협력 관계의 방향성 설정

4.2.5 디지털 전환
- 기술 도입의 전략적 방향 설정
- 디지털화 우선순위 결정
- 혁신 투자의 가이드라인 제공

VRIO 분석

1. 개념
VRIO 분석은 기업의 내부 자원과 역량을 체계적으로 평가하여 지속가능한 경쟁 우위의 원천을 식별하는 전략적 도구이다. 1991년 제이 바니 Jay B. Barney가 개발한 자원 기반 관점(Resource-Based View)의 핵심 프레임워크로, 기업이 보유한 자원과 역량이 경쟁 우위를 창출할 수 있는지를 네 가지 기준으로 평가한다. VRIO는 다음 네 가지 평가 기준의 앞글자를 조합한 약어이다.

- Value (가치): 해당 자원이 외부 기회를 활용하거나 위협을 중화시키는 가치를 제공하는가?
- Rarity (희소성): 해당 자원이 현재 및 잠재적 경쟁사들 사이에서 희소한가?
- Imitability (모방 가능성): 해당 자원을 모방하는 데 비용이나 어려움이 따르는가?
- Organization (조직): 기업이 이 자원의 가치를 효과적으로 활용할 수 있는 조직적 체계와 프로세스를 갖추고 있는가?

2. 목적
- 지속가능한 경쟁 우위 식별: 단기적 우위가 아닌 장기적으로 유지 가능한 경쟁 우위 요소 발견
- 자원 포트폴리오 평가: 기업이 보유한 자원과 역량의 전략적 가치 평가
- 자원 투자 우선순위 설정: 어떤 자원과 역량에 투자해야 하는지 결정
- 차별화 요소 발견: 경쟁사와 차별화될 수 있는 핵심 요소 식별
- 자원 개발 전략 수립: 현재 자원 기반에서 미래 경쟁력 확보를 위한 전략 개발
- 인수 합병 대상 평가: 가치 있는 자원과 역량을 보유한 인수 대상 기업 평가

3. VRIO 분석 프로세스
3.1 자원 및 역량 식별
- 자원 유형 정의: 유형 자원(물리적, 재무적), 무형 자원(지적재산권, 브랜드, 문화), 인적 자원 등 분류
- 역량 식별: 조직의 프로세스, 루틴, 지식 등 기능적 역량 파악
- 자원 목록 작성: 평가 대상이 될 주요 자원과 역량 목록화

3.2 VRIO 기준별 평가
- 가치(Value) 평가: 각 자원이 외부 기회 활용 또는 위협 대응에 가치를 제공하는지 평가
- 희소성(Rarity) 평가: 해당 자원의 시장 내 희소성 정도 평가
- 모방 가능성(Imitability) 평가: 경쟁사가 해당 자원을 얼마나 쉽게 모방할 수 있는지 평가
- 조직(Organization) 평가: 기업이 해당 자원을 효과적으로 활용할 수 있는 체계를 갖추고 있는지 평가

3.3 경쟁적 함의 도출
- 각 자원/역량의 VRIO 평가 결과에 따른 경쟁적 의미 도출:
- V(No): 경쟁적 열위 → 해당 자원은 가치가 없으며 비용만 발생
- V(Yes), R(No): 경쟁적 동등 → 가치는 있으나 희소하지 않아 경쟁 우위 창출 어려움
- V(Yes), R(Yes), I(No): 일시적 경쟁 우위 → 경쟁사가 쉽게 모방할 수 있어 일시적 우위
- V(Yes), R(Yes), I(Yes), O(No): 미활용 경쟁 우위 → 잠재력은 있으나 활용 체계 부족
- V(Yes), R(Yes), I(Yes), O(Yes): 지속가능한 경쟁 우위 → 장기적 경쟁 우위 창출 가능

3.4 전략적 의사결정
- 자원 포트폴리오 최적화: 핵심 자원 강화 및 약점 보완 전략
- 자원 개발 계획: 지속가능한 경쟁 우위로 발전시킬 자원 개발 계획
- 자원 할당: 제한된 자원의 효과적 배분 결정
- 조직 체계 조정: 핵심 자원 활용을 극대화할 조직 구조 및 시스템 개발

4. VRIO 평가 기준 상세

4.1 가치(Value)

4.1.1 핵심 질문
- "이 자원이 외부 기회를 활용하거나 위협을 중화시키는가?"

4.1.2 평가 요소
- 고객 가치 창출 기여도
- 비용 절감 또는 수익 증대 효과
- 차별화 또는 원가 우위 제공 여부
- 시장 진입 또는 확장 가능성

4.2 희소성(Rarity)

4.2.1 핵심 질문
- "이 자원을 통제하는 기업이 얼마나 되는가?"

4.2.2 평가 요소
- 시장 내 자원의 분포 정도
- 경쟁사 대비 독점적 소유 정도
- 대체 가능한 유사 자원의 존재 여부
- 획득/개발의 난이도

4.3 모방 가능성(Imitability)

4.3.1 핵심 질문
- "이 자원을 모방하는 데 비용이나 어려움이 따르는가?"

4.3.2 평가 요소
- 역사적 고유성 (경로 의존성)
- 인과적 모호성 (성공 요인의 불명확성)
- 사회적 복잡성 (조직 문화, 관계 등)
- 법적 보호 (특허, 저작권 등)

4.4 조직(Organization)

4.4.1 핵심 질문

- "기업이 이 자원의 가치를 활용할 준비가 되어 있는가?"

4.4.2 평가 요소
- 조직 구조 및 보고 체계
- 관리 시스템 및 인센티브
- 정책 및 기업 문화
- 보완적 자산 및 역량

5. 중소기업 CoachSulting에서의 VRIO 활용
5.1 중소기업 맞춤형 접근법
5.1.1 간소화된 분석 프레임워크
- 핵심 자원 중심의 집중 분석
- 실무자가 이해하기 쉬운 용어와 개념 사용
- 시각적 도구를 활용한 직관적 결과 표현

5.1.2 자원 제약 고려
- 제한된 자원으로 경쟁 우위를 창출할 수 있는 영역 집중
- 단계적 자원 개발 계획 수립
- 외부 자원 활용 (파트너십, 아웃소싱 등) 전략 병행

5.1.3 즉각적 실행 연계
- 분석 결과를 구체적 행동 계획으로 전환
- 단기 성과와 장기 역량 개발의 균형
- 실행 가능한 소규모 이니셔티브로 분할

5.2 활용 범위 및 효과
5.2.1 차별화 전략 개발
- 핵심 경쟁력 식별: 중소기업만의 고유한 강점 발견
- 틈새시장 전략: 독특한 자원을 활용한 특화 시장 공략
- 대기업과의 차별화: 대기업이 모방하기 어려운 경쟁 요소 개발

5.2.2 성장 전략 수립
- 자원 기반 확장: 핵심 자원을 활용한 신시장 진출
- 역량 개발 로드맵: 미래 경쟁력 확보를 위한 역량 개발 계획

- 전략적 제휴: 보완적 자원을 보유한 파트너 식별

5.2.3 자원 최적화
- 자원 포트폴리오 조정: 전략적 가치가 낮은 자원의 재배치
- 핵심 투자 영역: 제한된 자원 투자의 우선순위 설정
- 아웃소싱 결정: 비핵심 활동의 외부화 판단 기준

5.2.4 혁신 및 제품 개발
- 혁신 방향 설정: 기존 자원을 활용한 혁신 기회 발견
- 제품 차별화: 독특한 자원 기반 제품/서비스 특성 개발
- 지적재산 전략: 핵심 지식 자산의 보호 및 활용 방안

5.2.5 인재 관리
- 핵심 인재 식별: 경쟁 우위의 원천이 되는 인적 자원 파악
- 인재 개발 전략: 전략적 역량 강화를 위한 교육 및 개발
- 지식 관리: 암묵적 지식의 명시화 및 공유 체계 구축

3C 분석

1. 개념
3C 분석은 일본의 경영 전략가 오마에 켄이치 Kenichi Ohmae가 개발한 전략적 분석 프레임워크로, 기업의 전략 수립을 위한 세 가지 핵심 요소를 분석한다. 3C는 다음 세 가지 요소의 영문 첫 글자를 의미한다.

- Company (자사): 기업의 내부 역량과 자원
- Customers (고객): 목표 고객의 니즈와 특성
- Competitors (경쟁사): 경쟁 환경과 경쟁사의 전략

이 세 요소는 기업의 경쟁 환경을 구성하는 기본 단위로, 이들 간의 관계와 상호작용을 이해함으로써 효과적인 전략을 수립할 수 있다.
확장된 개념으로 4C, 5C를 추가할 수 있다.

- 4C: 3C에 Context(맥락/환경) 추가
- 5C: 4C에 Collaborators(협력자) 추가

2. 목적
- 통합적 시장 이해: 기업, 고객, 경쟁사의 상호작용을 포괄적으로 이해
- 차별화 전략 수립: 경쟁 우위를 확보할 수 있는 차별화 포인트 발견
- 기회 및 위협 식별: 시장 내 기회와 위협 요인 파악
- 자원 배분 최적화: 경쟁 환경에 맞는 효과적인 자원 배분
- 전략적 방향 설정: 기업의 중장기 전략 방향 결정을 위한 기초 제공
- 상황 인식 공유: 조직 내 시장 상황에 대한 공통된 이해 형성

3. 3C 분석의 주요 구성 요소
3.1 자사(Company) 분석
3.1.1 정의

- 기업의 내부 역량, 자원, 경쟁력을 분석

3.1.2 주요 분석 영역
- 핵심 역량과 자원 (인적, 물적, 재무적, 기술적 자원)
- 강점과 약점 (SWOT의 S와 W 요소)
- 비즈니스 모델과 수익 구조
- 조직 문화와 리더십
- 제품/서비스 포트폴리오

3.1.3 핵심 질문
- "우리 기업만의 독특한 강점은 무엇인가?"
- "어떤 영역에서 경쟁사 대비 우위를 가지고 있는가?"
- "우리의 한계와 개선이 필요한 영역은 무엇인가?"

3.2 고객(Customers) 분석

3.2.1 정의
- 목표 시장과 고객의 특성, 니즈, 행동을 분석

3.2.2 주요 분석 영역
- 고객 세그먼트와 특성
- 고객 니즈와 기대
- 구매 의사결정 과정
- 고객 가치 인식
- 시장 트렌드와 변화

3.2.3 핵심 질문
- "우리의 목표 고객은 누구인가?"
- "고객이 진정으로 원하는 가치는 무엇인가?"
- "고객의 구매 결정 요인은 무엇인가?"
- "고객 행동과 선호도는 어떻게 변화하고 있는가?"

3.3 경쟁사(Competitors) 분석

3.3.1 정의
- 주요 경쟁사의 전략, 강점, 약점, 시장 포지션을 분석

3.3.2 주요 분석 영역
- 직접/간접 경쟁사 식별
- 경쟁사의 전략과 포지셔닝
- 경쟁사의 강점과 약점
- 경쟁 구도와 경쟁 강도
- 경쟁사의 시장 점유율과 성장 추세

3.3.3 핵심 질문
- "주요 경쟁사는 누구이며, 그들의 전략은 무엇인가?"
- "경쟁사 대비 우리의 차별점은 무엇인가?"
- "경쟁 환경은 어떻게 변화하고 있는가?"
- "잠재적 신규 진입자는 누구인가?"

4. 3C 분석 프로세스

4.1 준비 단계
- 분석 목적 정의: 전략 수립, 신제품 개발, 시장 진출 등 목적 명확화
- 정보 수집 계획: 필요 데이터와 수집 방법 결정
- 분석 팀 구성: 다양한 관점을 포함할 수 있는 팀 구성

4.2 요소별 분석 단계
- 각 3C 요소 심층 분석: 자사, 고객, 경쟁사 각각에 대한 상세 분석
- 데이터 수집 및 분석: 정량적/정성적 데이터 수집 및 분석
- 현황 및 트렌드 파악: 현재 상태와 미래 변화 방향 예측

4.3 통합 분석 단계
- 3C 간 상호작용 분석: 세 요소 간의 연관성과 영향 관계 파악
- 시장 기회/위협 도출: 3C 분석 결과를 통합하여 기회와 위협 식별
- 경쟁 우위 영역 파악: 자사가 경쟁 우위를 확보할 수 있는 영역 발견

4.4 전략 도출 단계
- 전략적 대안 개발: 3C 분석 결과에 기반한 전략 대안 도출
- 전략 우선순위 결정: 전략 옵션의 평가 및 우선순위 설정
- 실행 계획 수립: 선택된 전략의 구체적 실행 방안 개발

5. 중소기업 CoachSulting에서의 3C 활용

5.1 중소기업 맞춤형 접근법

5.1.1 실용적 간소화
- 핵심 요소에 집중한 효율적 분석
- 가용 데이터를 최대한 활용한 현실적 접근
- 직관적 분석 도구와 템플릿 활용

5.1.2 지역/틈새 시장 중심
- 지역 시장 특성에 맞춘 분석 범위 설정
- 특화된 틈새시장 내 경쟁 역학 집중 분석
- 대기업과의 직접 비교보다 차별화 요소 발견에 중점

5.1.3 자원 제약 고려
- 제한된 자원으로 실행 가능한 전략 도출
- 단계적 접근 방식으로 리스크 관리
- 외부 협력 기회를 통한 자원 한계 극복 방안

5.2 활용 범위 및 효과

5.2.1 시장 포지셔닝 최적화
- 틈새시장 발견: 대기업이 간과한 고객 니즈 발견
- 차별화 전략: 자사 강점과 고객 니즈를 연결한 차별화 전략
- 경쟁 회피: 직접적 경쟁보다 블루오션 영역 탐색

5.2.2 제품/서비스 혁신
- 고객 중심 개발: 고객 니즈에 정확히 부합하는 제품 개발
- 경쟁 차별화: 경쟁사와 차별화된 제품/서비스 특성 개발
- 가치 혁신: 비용 절감과 가치 향상을 동시에 추구

5.2.3 마케팅 전략 최적화
- 메시지 개발: 타겟 고객에게 효과적인 마케팅 메시지 개발
- 채널 전략: 목표 고객 접근에 최적화된 마케팅 채널 선택
- 자원 할당: 제한된 마케팅 예산의 효율적 배분

5.2.4 사업 확장 및 다각화
- 신규 시장 평가: 진출 가능한 신규 시장의 매력도 평가

- 파트너십 기회: 전략적 협력이 가능한 파트너 식별
- 다각화 방향: 핵심 역량 기반 관련 다각화 기회 탐색

5.2.5 변화 대응 및 리스크 관리
- 시장 변화 감지: 고객 및 경쟁 환경 변화 조기 탐지
- 전략 조정: 변화하는 환경에 맞춘 유연한 전략 조정
- 위기 대응: 경쟁 위협에 대한 선제적 대응 방안 수립

5 Forces 분석

1. 개념
마이클 포터의 5 Forces(다섯 가지 경쟁요인) 모델은 산업 구조를 분석하여 경쟁 강도와 수익성을 평가하는 전략적 프레임워크이다. 이 모델은 기업이 직면한 경쟁 환경을 아래의 다섯 가지 핵심 요인으로 체계화하여 분석함으로써 산업 매력도와 경쟁 역학을 이해하는 데 도움을 준다.

- 기존 경쟁자 간의 경쟁 강도: 산업 내 기존 기업들 간의 경쟁 수준
- 신규 진입자의 위협: 새로운 기업이 시장에 진입할 가능성과 영향
- 대체재의 위협: 고객이 유사한 기능을 제공하는 다른 제품/서비스로 전환할 가능성
- 구매자의 협상력: 고객이 가격, 품질, 서비스 조건 등에 영향을 미칠 수 있는 능력
- 공급자의 협상력: 원자재, 부품, 노동력 등의 공급자가 가격과 조건을 결정할 수 있는 능력

2. 목적
- 산업 매력도 평가: 특정 산업의 장기적 수익성과 성장 잠재력 분석
- 경쟁 역학 이해: 산업 내 경쟁 구조와 힘의 균형 파악
- 전략적 포지셔닝: 기업이 경쟁 압력을 최소화할 수 있는 위치 식별
- 진입/철수 의사결정: 특정 산업 진입 또는 철수 결정을 위한 근거 제공
- 경쟁 우위 구축: 산업 내 경쟁우위 확보를 위한 전략 방향 설정

3. 다섯 가지 경쟁 요인 분석
3.1 기존 경쟁자 간의 경쟁 강도
- 주요 평가 요소: 경쟁자 수와 규모, 산업 성장률, 제품 차별화, 전환 비용, 고정비, 철수 장벽
- 높은 경쟁 지표: 다수의 동등 규모 경쟁자, 낮은 성장률, 표준화된 제품,

높은 고정비
- 전략적 의미: 경쟁 강도가 높을수록 가격 경쟁이 심화되고 수익성이 저하될 가능성 높음

3.2 신규 진입자의 위협
- 주요 평가 요소: 규모의 경제, 제품 차별화, 자본 요구사항, 전환 비용, 유통 채널 접근성, 규제
- 높은 진입 장벽 지표: 강한 규모의 경제, 높은 브랜드 충성도, 높은 초기 투자, 제한된 유통 채널
- 전략적 의미: 높은 진입 장벽은 기존 기업의 수익성을 보호하고 경쟁 강도를 낮추는 역할

3.3 대체재의 위협
- 주요 평가 요소: 대체재의 가격-성능 비율, 전환 비용, 구매자의 대체 의향, 대체재 접근성
- 높은 대체재 위협 지표: 우수한 가격-성능 비율의 대체재, 낮은 전환 비용, 높은 접근성
- 전략적 의미: 강력한 대체재는 산업의 가격 상한선을 설정하고 수익 잠재력을 제한

3.4 구매자의 협상력
- 주요 평가 요소: 구매자 집중도, 구매 규모, 제품 차별화, 전환 비용, 후방 통합 가능성, 가격 민감도
- 높은 구매자 협상력 지표: 소수의 대규모 구매자, 표준화된 제품, 낮은 전환 비용, 높은 가격 민감도
- 전략적 의미: 구매자 협상력이 강할수록 가격 인하, 품질 향상 요구로 수익성 압박 가능성 높음

3.5 공급자의 협상력
- 주요 평가 요소: 공급자 집중도, 대체 투입물 가용성, 공급자 제품 차별화, 전방 통합 가능성, 전환 비용
- 높은 공급자 협상력 지표: 소수의 독점적 공급자, 대체 투입물 부족, 높은 전환 비용, 강한 전방 통합
- 전략적 의미: 공급자 협상력이 강할수록 투입 비용 증가로 수익성 저하

가능성 높음

4. 5 Forces 분석 사용 방법
4.1 분석 프로세스
4.1.1 준비 단계
- 산업 범위 명확하게 정의 (너무 넓거나 좁지 않게)
- 관련 산업 데이터 및 정보 수집
- 분석 팀 구성 (다양한 관점 포함)

4.1.2 요인별 분석
- 각 경쟁 요인에 대한 체계적 평가
- 각 요인의 현재 상태와 변화 추세 분석
- 요인별 강도 평가 (낮음-중간-높음)

4.1.3 종합 분석
- 다섯 요인의 종합적 영향 평가
- 가장 중요한 경쟁 요인 식별
- 산업 전체 매력도 및 수익 잠재력 평가
- 경쟁 구조의 변화 방향 예측

4.1.4 전략적 시사점 도출
- 분석 결과에 기반한 기회와 위협 식별
- 경쟁 압력 대응 전략 개발
- 산업 내 최적의 포지셔닝 방향 결정
- 실행 계획 수립

4.2 분석 도구 및 접근법
- 요인별 체크리스트: 각 경쟁 요인 평가를 위한 구조화된 질문 목록
- 강도 평가 매트릭스: 각 요인의 강도를 정성적/정량적으로 평가하는 도구
- 산업 구조 맵: 주요 플레이어와 경쟁 관계를 시각화한 맵
- 시나리오 분석: 경쟁 요인의 변화에 따른 다양한 미래 시나리오 개발

5. 중소기업 CoachSulting에서의 활용

5.1 중소기업 특화 접근법
5.1.1 간소화된 분석
- 중소기업 관점에서 가장 관련성 높은 요인에 집중
- 직관적 평가와 구조화된 분석의 균형
- 핵심 경쟁 요인 중심의 간결한 분석

5.1.2 지역 기반 적용
- 글로벌이 아닌 지역 시장 관점에서의 분석
- 지역 특수성을 반영한 경쟁 요인 평가
- 로컬 네트워크와 관계의 중요성 고려

5.1.3 자원 효율적 분석
- 공개 정보와 내부 지식을 활용한 실용적 접근
- 핵심 의사결정에 필요한 최소한의 정보 집중
- 실행 가능한 통찰 도출에 중점

5.2 활용 범위
5.2.1 틈새시장 전략 개발
- 경쟁 강도가 낮은 시장 세그먼트 식별
- 진입 장벽이 낮으면서 수익성이 있는 영역 발굴
- 대기업이 간과하는 특화 시장 기회 포착

5.2.2 경쟁 우위 구축
- 중소기업의 강점을 활용한 차별화 전략 수립
- 구매자/공급자 관계 최적화 방안 개발
- 강력한 경쟁자와의 직접 대결을 피하는 포지셔닝

5.2.3 제품 및 서비스 혁신
- 대체재 위협에 대응하는 제품/서비스 개선
- 고객 전환 비용을 높이는 특성 개발
- 틈새 고객층의 특수 니즈 충족 방안

5.2.4 사업 확장 및 다각화 결정
- 신규 시장 진출 타당성 평가
- 수직적/수평적 통합 기회 분석

- 관련 다각화 방향 설정

5.2.5 파트너십 및 협력 전략
- 경쟁 압력 완화를 위한 전략적 제휴 기회
- 공급망 내 유리한 위치 확보 방안
- 보완적 역량을 가진 파트너 식별

5.3 실행 중심 접근법

5.3.1 실용적 우선순위 설정
- 중소기업이 실질적으로 영향을 미칠 수 있는 영역에 집중
- 단기/중기에 가시적 성과를 낼 수 있는 전략 우선
- 제한된 자원의 효과적 배분을 위한 명확한 기준 제공

5.3.2 단계적 실행 계획
- 분석 결과에 기반한 구체적 실행 계획 수립
- 핵심 경쟁 요인별 대응 전략 구체화
- 명확한 실행 일정과 책임 할당

5.3.3 주기적 재평가
- 시장 조건 변화에 따른 정기적 분석 업데이트
- 실행 결과 피드백을 통한 전략 조정
- 경쟁 환경 변화에 대한 조기 경보 시스템 구축

5 Whys 분석

1. 개념
5 Whys 분석(Five Whys Analysis)은 문제의 근본 원인을 발견하기 위한 간단하면서도 강력한 질문 기법이다. 이 방법은 표면적으로 드러난 문제 증상에서 시작하여 연속적으로 "왜(Why)?"라는 질문을 던짐으로써 더 깊은 수준의 원인을 단계적으로, 체계적으로 파고들어 가는 접근법이다. 원래 도요타 생산 시스템의 핵심 문제 해결 도구로 개발되었으며, 타이이치 오노 Taiichi Ohno에 의해 체계화되었다. 숫자 '5'는 정확히 다섯 번의 질문을 의미하기보다는, 대개 4~6회 정도 깊이 파고들면 근본 원인에 도달할 수 있다는 경험적 지침을 나타낸다.

2. 목적
- 근본 원인 발견: 표면적 증상이 아닌 실제 문제의 근본 원인 식별
- 재발 방지: 근본 원인 해결을 통한 문제의 영구적 해소
- 임시방편 방지: 단기적 대증요법이 아닌 본질적 해결책 도출
- 시스템적 사고 촉진: 개인 귀책보다 시스템과 프로세스 관점의 문제 해결
- 자원 효율화: 제한된 자원을 근본 원인 해결에 집중함으로써 효율성 극대화
- 간결한 접근: 복잡한 도구나 통계 기법 없이 직관적으로 활용 가능
- 팀 협업 강화: 다양한 관점에서 원인을 탐색하는 협업적 문제 해결 촉진
- 조직 학습 촉진: 문제의 진정한 본질과 원인에 대한 조직적 이해 증진

3. 5 Whys 분석 방법
3.1 준비 단계
- 문제 정의: 분석할 문제를 명확하고 구체적으로 정의
- 적절한 팀 구성: 문제와 관련된 지식과 경험을 가진 다양한 구성원 참여
- 현장 확인: 가능한 경우 문제 발생 현장을 직접 방문하여 상황 파악 (Genchi Genbutsu)

- 사실 수집: 문제와 관련된 객관적 사실과 데이터 수집
- 분석 환경 조성: 열린 토론과 비난 없는 분위기 조성

3.2 5 Whys 질문 단계

- 첫 번째 Why: 문제 상황에 대해 "왜 이 문제가 발생했는가?"라는 첫 질문 제기
- 답변 도출: 팀원들의 의견을 종합하여 첫 번째 질문에 대한 가장 타당한 답변 도출
- 두 번째 Why: 첫 번째 답변에 대해 다시 "왜 그런 일이 일어났는가?"라고 질문
- 심층 탐색 반복: 이전 답변에 대해 계속해서 "왜?"라고 질문하며 더 깊은 원인 탐색
- 근본 원인 도달: 더 이상 의미 있는 원인을 찾을 수 없거나, 조직이 통제 가능한 수준의 원인에 도달할 때까지 반복

3.3 분석 및 검증 단계

- 원인 체인 검토: 도출된 원인 체인의 논리적 일관성 및 타당성 검토
- 근본 원인 확인: 식별된 근본 원인이 실제로 문제를 야기했는지 검증
- 다중 원인 고려: 필요시 여러 경로의 5 Whys 분석을 통해 복합적 원인 탐색
- 데이터 기반 검증: 가능한 경우 데이터와 사실을 통해 원인-결과 관계 확인
- 전문가 검토: 필요시 해당 분야 전문가의 의견을 통한 분석 결과 검증

3.4 해결책 개발 및 실행 단계

- 해결책 브레인스토밍: 식별된 근본 원인을 해결할 수 있는 방안 도출
- 해결책 평가: 비용, 실행 가능성, 효과성 등을 고려한 최적 해결책 선정
- 실행 계획 수립: 구체적인 실행 단계, 책임자, 일정, 자원 계획 수립
- 실행 및 모니터링: 해결책 실행 및 효과 추적
- 결과 평가: 문제 해결 여부 및 재발 방지 효과 평가

3.5 문서화 및 학습 공유 단계

- 분석 과정 문서화: 문제 정의부터 5 Whys 분석, 해결책까지의 전체 과정 기록

- 교훈 도출: 문제 해결 과정에서 얻은 교훈과 인사이트 정리
- 지식 공유: 분석 결과와 교훈을 조직 내 관련 부서와 공유
- 프로세스 개선: 필요시 유사 문제 예방을 위한 표준 작업 절차 개정

4. 중소기업 CoachSulting에서의 활용
4.1 중소기업 맞춤형 접근법
4.1.1 간소화된 적용
- 형식적 절차보다 핵심 질문 중심의 실용적 접근
- 빠른 문제 해결을 위한 압축된 세션 설계
- 현장 중심의 직관적 분석 방식 강조

4.1.2 경영자 주도 문화 구축
- 최고 경영자의 문제 해결 태도와 접근법 개선
- 비난이 아닌 학습 중심의 문제 해결 문화 조성
- 경영진의 솔선수범을 통한 조직 전체 참여 유도

4.1.3 실행 중심 프로세스
- 분석에서 그치지 않는 실행 연계 강조
- 단계적 개선을 통한 성공 경험 축적
- 실질적 성과 창출에 초점을 맞춘 프로세스 설계

4.2 활용 범위 및 효과
4.2.1 운영 효율성 개선
- 생산 불량 원인 분석: 제품 불량, 품질 이슈의 근본 원인 파악
- 납기 지연 해결: 납기 지연의 진짜 원인 발견 및 해소
- 프로세스 병목 제거: 운영 프로세스 상의 지연 및 병목 원인 분석
- 자원 낭비 최소화: 원자재, 에너지, 인력 등 자원 낭비 원인 파악

4.2.2 고객 문제 해결
- 고객 불만 원인 분석: 반복되는 고객 불만의 근본 원인 도출
- 서비스 실패 극복: 서비스 제공 과정에서의 문제점 파악
- 품질 이슈 해결: 고객이 경험하는 품질 문제의 근원 탐색
- 고객 이탈 방지: 고객 이탈의 진짜 이유 파악 및 대응

4.2.3 인적 자원 관리
- 이직률 감소: 높은 이직률의 근본 원인 파악 및 해결
- 생산성 향상: 낮은 생산성의 시스템적 원인 분석
- 안전사고 예방: 안전 사고 및 이차 사고의 근본 원인 분석
- 직원 참여 촉진: 낮은 직원 참여도의 원인 탐색 및 개선

4.2.4 전략적 문제 해결
- 매출 하락 대응: 매출 감소의 구조적 원인 파악
- 신제품 출시 지연: 개발 및 출시 지연의 근본 원인 분석
- 시장 점유율 하락: 경쟁력 약화의 근본 원인 도출
- 신규 시장 진입 장벽: 신시장 진입 실패의 원인 분석

4.2.5 조직 문화 개선
- 부서 간 갈등 해소: 협업 부재와 갈등의 구조적 원인 파악
- 의사소통 개선: 소통 문제의 근본 원인 탐색
- 변화 저항 극복: 변화 이니셔티브 실패의 본질적 원인 도출
- 혁신 장벽 제거: 혁신 부족의 시스템적 원인 파악

6 Boxes 모델

1. 개념
6 Boxes 모델(6상자 모델)은 칼 바인더 Carl Binder가 개발한 성과 관리 및 조직 개발 프레임워크로, 조직 성과에 영향을 미치는 여섯 가지 핵심 영역(상자)을 체계적으로 분석하여 성과 향상의 기회를 발견하고 개선 활동의 우선순위를 설정하는 도구이다. 이 모델은 토마스 길버트 Thomas Gilbert의 '행동공학(Behavioral Engineering)' 모델에 기반을 두고 있으며, 개인과 조직의 성과 차이(Performance Gap)의 원인을 종합적으로 진단하는 프레임워크를 제공한다.

6 Boxes 모델은 다음 여섯 가지 영역으로 구성된다.

1.1 기대와 피드백(Expectations & Feedback)
- 업무 목표, 성과 표준, 피드백의 명확성과 일관성
- 구성원들이 무엇을 해야 하는지, 얼마나 잘하고 있는지 이해하는 정도

1.2 도구와 자원(Tools & Resources)
- 업무 수행에 필요한 물리적/디지털 도구, 시스템, 자료, 시간, 예산
- 작업 환경의 적합성과 효율성

1.3 결과에 대한 보상(Consequences & Incentives)
- 성과에 대한 보상, 인정, 피드백 시스템
- 바람직한 성과와 행동을 장려하는 공식/비공식적 인센티브

1.4 기술과 지식(Skills & Knowledge)
- 효과적인 업무 수행에 필요한 역량, 기술, 지식
- 교육, 훈련, 개발 기회의 적절성

1.5 역량과 동기(Capacity & Motives)
- 개인적 역량, 적성, 동기, 선호도
- 직무-개인 적합성, 신체적/정신적 역량, 내재적 동기

1.6 선발과 배치(Selection & Assignment)
- 인재 선발, 배치, 승진 프로세스

- 직무 설계 및 역할 할당의 적절성

2. 목적
- 성과 장애 요인 진단: 개인/팀/조직 성과를 저해하는 시스템적 요인 식별
- 개선 우선순위 설정: 가장 큰 영향을 미칠 수 있는 개선 영역 선정
- 체계적 개입 설계: 성과 향상을 위한 통합적이고 체계적인 접근법 개발
- 자원 배분 최적화: 성과 개선을 위한 효과적인 자원 할당 지원
- 문화적 변화 촉진: 지속가능한 성과 향상 문화 구축
- 비용 효율적 개선: 증상이 아닌 근본 원인에 집중한 효율적 해결책 도출

3. 6 Boxes 모델 활용 방법
3.1 준비 및 계획 단계
- 분석 목적 정의: 특정 성과 문제 또는 전반적 조직 진단 등 목적 명확화
- 범위 설정: 분석 대상(개인, 팀, 부서, 조직 전체)과 직무/프로세스 범위 결정
- 이해관계자 참여: 경영진, 관리자, 직원 등 주요 이해관계자 참여 확보
- 데이터 수집 계획: 인터뷰, 설문, 관찰, 기존 데이터 분석 등 방법 선정

3.2 데이터 수집 및 분석 단계
각 영역별 다음과 같은 핵심 질문을 중심으로 데이터를 수집하고 분석한다.
3.2.1 기대와 피드백
- 직무 목표와 성과 기대치가 명확하게 정의되어 있는가?
- 직원들은 자신의 우선순위를 알고 있는가?
- 성과에 대한 피드백이 적시에, 구체적으로 제공되는가?
3.2.2 도구와 자원
- 효과적인 성과에 필요한 도구, 자원, 정보가 제공되는가?
- 작업 환경은 생산성을 지원하는가?
- 시스템과 프로세스가 효율적인가?
3.2.3 결과에 대한 보상
- 좋은 성과에 대한 인정과 보상이 적절한가?

- 바람직한 행동과 성과를 강화하는 인센티브가 있는가?
- 좋은 성과와 부족한 성과에 대한 결과가 일관되게 적용되는가?

3.2.4 기술과 지식
- 직원들은 필요한 기술과 지식을 갖추고 있는가?
- 교육 및 훈련 기회가 적절히 제공되는가?
- 기술 향상을 위한 코칭과 지원이 있는가?

3.2.5 역량과 동기
- 직원들은 업무 수행에 필요한 신체적/정신적 역량을 갖추고 있는가?
- 직무와 직원의 적성, 관심사가 일치하는가?
- 내재적 동기 요소(자율성, 숙련도, 목적)가 존재하는가?

3.2.6 선발과 배치
- 직무에 적합한 인재를 선발하는 효과적인 프로세스가 있는가?
- 직무 설계는 효율적이고 효과적인가?
- 직원의 강점을 활용하는 직무 배치가 이루어지는가?

3.3 영향 분석 및 우선순위 설정 단계
- 영향 평가: 각 상자(영역)가 현재 성과에 미치는 영향 정도 평가
- 비용-효과 분석: 각 영역 개선에 필요한 비용과 예상 효과 분석
- 개선 용이성: 각 영역 개선의 난이도와 시간 평가
- 우선순위 매트릭스: 영향, 비용, 용이성을 고려한 우선순위 설정

3.4 개선 전략 수립 및 실행 단계
- 통합적 접근: 여러 영역에 걸친 통합적 개선 전략 개발
- 실행 계획: 구체적 액션 아이템, 책임자, 일정, 자원 계획 수립
- 측정 지표: 개선 효과 측정을 위한 KPI 설정
- 변화 관리: 개선 활동의 효과적 실행을 위한 변화 관리 계획 수립

4. 중소기업 CoachSulting에서의 6 Boxes 모델 활용
4.1 중소기업 맞춤형 접근법
4.1.1 간소화된 분석
- 핵심 성과 지표에 직접 영향을 미치는 요소에 집중

- 직관적이고 실용적인 분석 도구 활용
- 효율적 데이터 수집으로 빠른 진단 진행

4.1.2 자원 제약 고려
- 제한된 자원으로 실행 가능한 개선 전략 개발
- 투자 대비 효과가 큰 영역에 집중
- 단계적 개선 접근법 적용

4.1.3 실행 중심 솔루션
- 즉시 적용 가능한 실용적 해결책 중심
- 경영진/관리자가 직접 주도할 수 있는 개선 활동 설계
- 빠른 성과 창출을 통한 모멘텀 구축

4.2 활용 범위 및 효과

4.2.1 조직 생산성 향상
- 병목 현상 해소: 생산성을 저해하는 시스템적 병목 요인 식별 및 제거
- 프로세스 최적화: 핵심 업무 프로세스의 효율성 향상
- 자원 활용 개선: 인력, 시간, 도구 등 자원의 효과적 활용 방안

4.2.2 인적 자원 관리 효율화
- 직무 설계 최적화: 역할과 책임의 명확한 정의 및 효율적 배분
- 인재 개발 전략: 역량 격차 해소를 위한 효과적 교육/훈련 설계
- 성과 관리 개선: 목표 설정, 피드백, 평가, 보상 체계 개선

4.2.3 변화 관리 및 혁신 지원
- 변화 장애요인 식별: 혁신 이니셔티브의 실행을 방해하는 요소 파악
- 혁신 문화 촉진: 창의성과 혁신을 장려하는 환경 조성
- 변화 수용성 강화: 구성원들의 변화 수용 및 참여 촉진 방안

4.2.4 리더십 및 관리 역량 강화
- 관리 스타일 최적화: 팀 성과를 극대화하는 리더십 접근법 개발
- 관리자 코칭: 성과 관리 및 팀 역량 개발을 위한 관리자 지원
- 조직 문화 개선: 성과 지향적이고 지원적인 문화 구축

4.2.5 고객 경험 및 서비스 향상
- 고객 접점 최적화: 고객 경험에 영향을 미치는 직원 성과 요인 개선

- 서비스 일관성 강화: 일관된 서비스 품질을 위한 시스템적 접근
- 고객 중심 문화: 고객 가치 창출에 초점을 맞춘 성과 시스템 구축

6시그마 DMAIC 분석

1. 개념

6시그마 DMAIC(Define-Measure-Analyze-Improve-Control)는 기존 프로세스의 품질 향상과 성과 개선을 위한 체계적인 문제 해결 방법론이다. 모토로라에서 시작되어 GE 등 글로벌 기업들의 성공적인 적용 사례를 통해 널리 확산된 이 방법론은 데이터에 기반한 과학적 접근법을 통해 비즈니스 프로세스의 변동성을 감소시키고 결함률을 최소화하는 것을 목표로 한다. 복잡한 통계 도구와 대규모 조직 변화 없이도 핵심 원칙과 기법을 적용하여 실질적인 비즈니스 성과를 창출할 수 있다. 특히 데이터에 기반한 객관적 접근법은 직관적 의사결정의 한계를 극복하고, 지속가능한 경쟁 우위를 확보하는 데 기여한다. DMAIC는 프로세스 개선을 위한 다섯 단계(정의-측정-분석-개선-관리)의 영문 첫 글자를 조합한 약어로, 각 단계가 체계적이고 순차적으로 진행되는 구조화된 문제 해결 프레임워크를 제공한다.

2. 목적

- 품질 향상: 제품 및 서비스의 결함률 최소화 및 일관성 향상
- 고객 만족도 제고: 고객 요구사항에 부합하는 일관된 품질 제공
- 프로세스 효율성 증대: 낭비 요소 제거와 프로세스 간소화를 통한 효율성 향상
- 비용 절감: 불량, 재작업, 반품 등 품질 비용 감소
- 데이터 기반 의사결정: 직관이나 경험 대신 객관적 데이터에 기반한 의사결정 문화 조성
- 지속적 개선 체계 구축: 체계적이고 반복 가능한 개선 방법론 확립
- 표준화 촉진: 최적화된 프로세스의 표준화를 통한 변동성 감소
- 문제 해결 역량 강화: 조직의 과학적 문제 해결 능력 향상

3. DMAIC 방법론 단계별 내용
3.1 정의(Define) 단계

3.1.1 목적
- 프로젝트 범위, 목표, 자원, 일정을 명확히 정의하고 고객 요구사항 파악

3.1.2 주요 활동
- 프로젝트 헌장(Charter) 작성: 프로젝트 목표, 범위, 일정, 팀원, 이해관계자 정의
- SIPOC(공급자-투입물-프로세스-산출물-고객) 다이어그램 작성: 프로세스 고수준 맵핑
- 고객 요구사항 파악: VOC(Voice of Customer) 수집 및 분석
- CTQ(Critical to Quality) 정의: 고객 관점에서 중요한 품질 특성 도출
- 팀 구성 및 역할 정의: 프로젝트 팀 구성 및 책임 할당

3.1.3 주요 도구
- 프로젝트 헌장, SIPOC 다이어그램, VOC 분석, CTQ 트리, 킥오프 미팅

3.2 측정(Measure) 단계

3.2.1 목적
- 현재 프로세스 성과 수준을 측정하고 기준선(베이스라인) 설정

3.2.2 주요 활동
- 핵심 성과 지표(KPI) 설정: 프로젝트 성공 측정을 위한 지표 정의
- 데이터 수집 계획 수립: 필요 데이터 종류, 수집 방법, 샘플링 전략 결정
- 측정 시스템 분석(MSA): 데이터 수집 방법의 정확성과 신뢰성 검증
- 현행 프로세스 상세 맵핑: 프로세스 흐름도 작성
- 현재 성과 수준 측정: 시그마 수준, DPMO(백만 기회당 결함 수) 등 계산

3.2.3 주요 도구
- 데이터 수집 계획, 공정 흐름도, 측정 시스템 분석(R&R), 관리도, 히스토그램

3.3 분석(Analyze) 단계

3.3.1 목적
- 수집된 데이터를 분석하여 문제의 근본 원인 파악

3.3.2 주요 활동

- 데이터 분석: 수집된 데이터의 패턴, 경향, 관계성 파악
- 프로세스 분석: 부가가치/비부가가치 활동 식별, 병목 현상 파악
- 근본 원인 분석: 잠재적 원인 도출 및 검증
- 격차 분석: 현재 성과와 목표 간 격차의 원인 규명
- 개선 기회 도출: 중점 개선 영역 및 방향 설정

3.3.3 주요 도구
- 특성요인도(원인결과도), 5 Whys, 파레토 분석, 가설 검정, 회귀분석, FMEA

3.4 개선(Improve) 단계

3.4.1 목적
- 근본 원인 해결을 위한 해결책 개발, 검증 및 실행

3.4.2 주요 활동
- 개선 아이디어 도출: 브레인스토밍, 벤치마킹 등을 통한 해결책 개발
- 해결책 평가 및 선정: 다양한 기준(효과, 비용, 실행 용이성 등)에 따른 우선순위화
- 파일럿 테스트: 소규모 환경에서 해결책 시험 적용
- 실행 계획 수립: 선정된 해결책의 전면 적용을 위한 구체적 계획 수립
- 변화 관리: 조직의 저항 관리 및 이해관계자 참여 유도

3.4.3 주요 도구
- 브레인스토밍, 의사결정 매트릭스, 파일럿 테스트, 실험계획법(DOE), 실행 계획

3.5 관리(Control) 단계

3.5.1 목적
- 개선된 프로세스의 성과를 유지하기 위한 관리 체계 수립

3.5.2 주요 활동
- 관리 계획 수립: 핵심 지표 모니터링 방안 및 책임자 지정
- 표준 작업 절차(SOP) 개발: 개선된 프로세스의 표준화 및 문서화
- 통계적 프로세스 관리 시스템 구축: 지속적 모니터링 체계 수립

- 교육 및 훈련: 관련 직원 대상 개선된 프로세스 교육
- 프로젝트 종료 및 성과 검증: 최종 성과 측정 및 교훈 정리

3.5.3 주요 도구
- 관리도, 관리 계획, 표준 작업 절차서, 교육 자료, 프로젝트 종료 보고서

4. 중소기업 CoachSulting에서의 DMAIC 활용
4.1 중소기업 맞춤형 접근법
4.1.1 간소화된 적용
- 핵심 도구 위주의 간소화된 DMAIC 프레임워크 적용
- 복잡한 통계 도구보다 직관적이고 실용적인 기법 중심 접근
- 현실적인 일정과 자원을 고려한 단계별 적용 방안 수립

4.1.2 신속한 성과 창출
- 단기간에 가시적 성과를 낼 수 있는 개선 프로젝트 우선 선정
- 빠른 성공 경험을 통한 조직 내 수용성 제고
- 단계적 역량 구축을 위한 점진적 확장 전략

4.1.3 현장 중심 실행
- 현장 직원의 적극적 참여를 통한 실행력 강화
- 경영진의 직접 참여와 가시적 리더십 발휘
- 이론보다 실질적인 문제 해결에 중점을 둔 접근

4.2 활용 범위 및 효과
4.2.1 운영 효율성 향상
- 제조 불량률 감소: 핵심 품질 문제의 근본 원인 파악 및 제거
- 생산성 향상: 낭비 요소 제거 및 프로세스 최적화를 통한 효율성 증대
- 리드타임 단축: 병목 현상 해소 및 프로세스 흐름 개선
- 원가 절감: 재작업, 불량, 과잉 재고 등 품질비용 감소

4.2.2 고객 만족도 제고
- 품질 일관성 확보: 제품/서비스 품질의 변동성 감소
- 고객 불만 해결: 반복적 고객 불만 사항의 근본 원인 제거
- 납기 신뢰성 향상: 일정 준수율 개선을 통한 고객 신뢰 구축

- 신제품 출시 역량 강화: 개발 프로세스 최적화를 통한 시장 대응력 향상

4.2.3 내부 프로세스 최적화
- 업무 프로세스 개선: 행정, 관리 프로세스의 효율화 및 간소화
- 서비스 품질 향상: 서비스 제공 프로세스의 일관성 및 신뢰성 증대
- 의사결정 품질 개선: 데이터 기반 의사결정 문화 정착
- 부서 간 협업 강화: 프로세스 중심적 시각을 통한 협업 장벽 해소

4.2.4 조직 역량 강화
- 문제 해결 역량 향상: 체계적인 문제 해결 방법론 내재화
- 데이터 활용 능력 개발: 데이터 수집, 분석, 해석 역량 구축
- 지속적 개선 문화 정착: 자발적 개선 활동 촉진 및 문화 형성
- 핵심 인재 육성: 프로젝트 참여를 통한 내부 전문가 양성

참고 문헌

- 김동철, 서영우(2009), 경영전략 수립 방법론: A Practival Guide to Strategic Planning, 시그마인사이트
- 김위찬, 르네 마보안(2005), 블루오션 전략: 성공을 위한 미래전략
- 송재용(2007), 전략적 사고와 전략경영, 크레듀
- 장세진(2023), 경영전략: 제12판, 박영사
- 이상훈(2019), 성공하는 기업들의 경영전략 노트: 경영전략의 핵심 내용만을 다룬, 교학사
- 김수현(2018), 4차 산업혁명시대 중소기업 경영전략, 이모션미디어
- 마츠 린드그렌, 한스 반드홀드(2012), 시나리오 플래닝: 미래예측과 전략수립의 기법, 필맥

에필로그: 도구를 넘어 지혜로

도구는 그 자체로 목적이 아니다. 도구의 진정한 가치는 그것을 활용하는 사람의 지혜와 상황에 대한 깊은 이해에서 나온다. 이 가이드북에 담긴 40여 개의 도구들은 CoachSulting을 실현하기 위한 수단이지, 그 자체가 CoachSulting은 아니다.

한 글로벌 제조업체의 한국 지사장이 들려준 이야기가 이를 잘 보여준다. "처음에는 McKinsey 7S 모델을 기계적으로 적용해서 조직 진단을 했습니다. 하지만 결과는 뻔했죠. 구성원들은 '또 다른 컨설팅 프로젝트'라며 소극적으로 참여했고, 도출된 개선안들도 현실성이 떨어졌습니다. 그런데 CoachSulting 방식으로 접근하니 완전히 달랐어요. 같은 7S 모델이지만, 각 영역에서 '우리가 정말 추구하는 가치는 무엇인가?', '우리만의 강점을 어떻게 더 살릴 수 있을까?'와 같은 성찰적 질문을 던지니, 구성원들이 스스로 답을 찾아가더군요. 6개월 후 직원 몰입도가 40% 향상되었습니다."

진정한 CoachSultant는 도구의 기계적 적용을 넘어, 각 조직과 개인의 고유한 맥락을 깊이 이해하고, 그에 가장 적합한 도구를 선별하며, 나아가 상황에 따라 도구를 창조적으로 조합하고 변형할 수 있는 역량을 갖춰야 한다. 이는 마치 숙련된 요리사가 레시피를 기계적으로 따르는 것이 아니라, 재료의 상태와 손님의 취향을 고려해 창의적으로 요리를 완성하는 것과 같다.

실제로 한 스타트업에서는 표준적인 BMC(비즈니스 모델 캔버스) 대신, 팀의 특성에 맞게 변형된 'Story-driven BMC'를 활용했다. 각 블록을 채울 때마다 "우리 고객이 이 서비스를 경험하며 어떤 이야기를 갖게 될까?"라는 질문을 던져, 단순한 비즈니스 로직을 넘어 감정적 연결까지 고려한 비즈니스 모델을 설계했고, 결과적으로 6개월 만에 초기 목표 대비 200%의 사용자가 증가했다.

이 가이드북을 통해 독자들이 얻게 될 것은 단순한 도구 활용법을 넘어선다. 각 도구의 배경 이론과 적용 원리를 이해함으로써, 상황에 맞는 최적의 선택을 할 수 있는 판단력을 기를 수 있다. 예를 들어, 언제 SWOT 분석보다 PESTEL 분석이 더 효과적인지, 어떤 상황에서 OKR이 KPI보다 적합한지에 대한 통찰을 제공한다. 또한 CoachSulting 사례 분석 워크시트를 통해 실제 적용 경험을 체계적으로 축적하고 발전시켜 나갈 수 있다.

더 나아가, 이 가이드북은 '도구 조합의 예술'을 소개한다. 단일 도구의 한계를 극복하기 위해 여러 도구를 유기적으로 연결하는 방법을 제시한다. 한 중견 유통업체에서는 Stakeholder 분석으로 이해관계자를 파악한 후, RACI 매트릭스로 역할과 책임을 명확히 하고, 마지막에 Change Readiness 평가로 변화 준비도를 측정하는 3단계 접근법을 활용해 조직 변화 프로젝트의 성공률을 기존 40%에서 85%로 끌어올렸다.

CoachSulting의 궁극적 목표는 조직과 개인이 지속 가능한 변화와 성장을 이루는 것이다. 이를 위해서는 단발성 개입을 넘어, 조직 구성원들이 스스로 문제를 진단하고 해결책을 찾아갈 수 있는 역량을 기르는 것이 중요하다. 이 가이드북의 도구들은 바로 그러한 자기 주도적 성장을 촉진하는 촉매 역할을 한다. 마치 낚시를 가르치는 것처럼, 도구 사용법을 익힌 조직은 외부 전문가 없이도 지속적으로 자기진단과 개선을 해나갈 수 있게 된다.

변화의 시대에 우리에게 필요한 것은 더 많은 도구가 아닌, 올바른 도구를 올바른 때에 올바른 방식으로 활용하는 지혜이다. 이는 단순한 기술적 역량을 넘어, 조직과 사람에 대한 깊은 이해, 상황에 대한 정확한 판단력, 그리고 지속적인 학습과 성찰을 요구한다. 이 가이드북이 그러한 지혜를 기르는 데 실질적인 도움이 되기를 바라며, 모든 CoachSultant들이 조직과 개인의 지속 가능한 성장을 이끄는 진정한 변화의 파트너가 되기를 응원한다.

도구는 시작이다. 하지만 진정한 변화는 도구를 넘어선 곳에서 일어난다. 바로 사람과 조직이 스스로의 가능성을 발견하고 실현해 나가는 그 순간에서 말이다.

저자 소개

최광면

전문 CoachSultant인 최광면은 우리나라 대표 제약 기업에서 마케팅, 영업, 전략, 물류, 고객만족, 기업교육 등의 직무를 수행하며 실무 및 관리에서부터 임원 활동까지 다양한 비즈니스 경험을 가지고 있다. 특히 기업교육 분야에서의 경험은 그를 코칭의 세계로 이끌었다. 기업 또는 크고 작은 조직에서의 성과는 그 구성원의 잠재력과 그 잠재력 발휘의 크기에 비례한다는 것을 발견하고, 코칭에 매진하여 전문 경영자 코치가 되었다. 지금 이 순간에도 불철주야 매진하고 있는 비즈니스 현장의 수많은 동료와 후배들이 코칭을 통해 동기를 강화하고 잠재력을 발휘할 수 있도록 노력하고 있다. 이를 위해 다양한 코칭 프로젝트에 참여하여 실전 역량을 깊게 쌓아가고 있다. "Coaching for Sustainable Future" 코칭으로 지속가능한 미래를 위해 헌신한다는 슬로건과 함께 지속가능한 가치(Sustainable Value)를 사람들과 공유해가고 있다.

유용린

유용린은 작가, 전문 코치, 교수로 활동하는 다재다능한 지식인이다. 작가로서는 2021년에 '100일 동안 작가가 되는 꿈을 꾸다"를 시작으로 2022년에 "긍정라이프를 위한 5가지 스킬"을 공저하여 긍정인생 워크숍을 진행하였으며, 2023년에는 그림 시집 "어느 날 하루", 전자책 "두 번째 인생의 정점에 오르는 법", "코치되어 코칭하기"를 출간, 한국디지털문인협회 회원으로서 2022년부터 "내 인생의 위로", "내 인생 최고의 여행", "내 인생 최고의 동행", "내 인생 최고의 선물", "내 인생 최고의 용기" 문집에도 기고하고 2024년에는 "개인과 조직을 위한 7R Renewal"을 공역, 2025년에는 "MYSELF부터 STARTUP까지"를 공저, "연구윤리 가이드라인"을 저술하는 등 왕성한 저작 활동을 하고 있다.

전문 코치로서 (사)한국코치협회 사업위원장과 국제코칭연맹 코리아 챕터 회원관리위원장을 역임하였으며, 현재는 한국기업코칭협회(유) 대표이사, Y2R Solutions 대표, 국제코칭연맹 코리아 챕터 기획위원장, 한국FT코칭연구원의 DEIB 이사와 심사위원으로 코치 양성에도 적극적으로 활동하고 있다. 또한 국민대학교 산학협력단 전임연구교수로서 연구윤리, 자동차공학경영모델링, 친환경자동차문제연구 등의 강의를 통해 다양한 관점과 창의적 사고를 지닌 미래 글로벌 인재 양성에 기여하고 있다.

자신의 삶을 통해 꿈을 향해 꾸준히 도전해 가면서 꿈을 이루는 과정은 가치 있고 즐거운 것이라고 말하면서 자신의 경험과 지식을 공유하고, 재능을 기꺼이 나누며, 다른 사람들의 꿈을 응원하고, 함께 성장하고자 하는 마음을 가지고 있다. 오늘도 책을 쓰고, 코칭을 하고, 강의를 통해 자신만의 꿈을 꾸고 있는 사람들에게 영감과 긍정 에너지를 주고 있다. 전문 CoachSultant인 저자 유용린은 꿈을 꾸는 사람들의 진솔한 친구이자, 진정한 멘토이자, 함께하고 싶은 동반자이다.